APRENDE A CUIDAR TU PIEL

당신의 피부를 가꾸는 법을 배우세요

MiiN

KOREAN COSMETICS

APRENDE A CUIDAR TU PIEL

당신의 피부를 가꾸는 법을 배우세요

AMPARO VIOLERO | MÒNICA JULIÀ | LILIN YANG

Secretos y rutinas de las expertas de MiiN

Planeta

Obra editada en colaboración con Editorial Planeta - España

Bajo el sello editorial PLANETA M.R.
Avenida Presidente Masarik núm. 111,
Piso 2, Polanco V Sección, Miguel Hidalgo
C.P. 11560, Ciudad de México
www.planetadelibros.com.mx

Diseño de interior y de portada: Georgina Gerónimo

Primera edición impresa en España: octubre de 2022
ISBN: 978-84-08-26184-1

Primera edición en formato epub en México: marzo de 2023
ISBN: 978-607-07-9785-9

Primera edición impresa en México: marzo de 2023
ISBN: 978-607-07-9813-9

Nota importante: este libro quiere ser un medio de divulgación de consejos para mejorar tu piel; los datos que en él figuran son aproximados y se comunican con buena fe, pero no es un manual de medicina ni pretende sustituir cualquier tratamiento que te haya prescrito tu médico.
Si sospechas que tienes un problema de salud, consulta con tu médico.

Impreso en los talleres de Litográfica Ingramex, S.A. de C.V.
Centeno núm. 162-1, colonia Granjas Esmeralda, Ciudad de México
Impreso en México - *Printed in Mexico*

ÍNDICE

INTRODUCCIÓN

Bienvenida al segundo **#miinbook**. Si todavía no has leído nuestro primer libro, titulado **El arte coreano del cuidado de la piel**, te invitamos a que lo disfrutes antes que esta parte, si bien no es imprescindible para entender los conceptos que aprenderás aquí. Allí encontrarás la perfecta introducción al mundo de la cosmética coreana: la historia, la rutina de belleza y consejos para principiantes en el mundo *K-beauty*.

Este libro, a diferencia del primero, contiene información más técnica del mundo de la belleza, los ingredientes cosméticos y la piel. Sin embargo, no es un manual académico sobre química o formulación cosmética, sino una respuesta muy amena y práctica a todas esas dudas frecuentes que, durante los años de trayectoria de MiiN (fundada en 2014), nos han hecho llegar nuestras clientas. Durante su lectura queremos transportarte a Seúl, justo en medio de las calles del barrio de Myeong-dong, para que puedas descubrir auténticas joyas de la cosmética coreana: ingredientes, trucos, rutinas... ¿Debo realizar la doble limpieza en la rutina de la mañana y en la de la noche? ¿Qué diferencias hay entre la rutina de belleza coreana y la nuestra? ¿Para qué sirven los ácidos?

Es prácticamente imposible negar que, hoy en día, un cosmético es algo más que eso. Detrás de ese producto hay una marca con unos valores, con unos proyectos que apoya, con una forma específica de ser y con una forma de comunicarse con nosotras. Se trata de una marca a la que puede que confiemos alguna de nuestras inseguridades: ojeras, manchas, arrugas, granitos, etc. Una marca a la que cedemos parte de la transformación de nuestra piel. Por eso nos merecemos saber lo más importante acerca de ese producto que utilizamos, y este libro va a ayudarte a ello.

Hemos dividido esta obra en cuatro capítulos que parten de la información más básica sobre el órgano que nos ocupa, la piel, y que te ayudarán a comprender el funcionamiento de los productos de una forma muy sencilla, y van avanzando hasta los detalles de las formulaciones que encandilarán a las *beauty geeks*, pasando por consejos superútiles que podrás aplicar en tu día a día.

01

PIEL 101 (*ONE-OH-ONE*)

Pequeño recordatorio:
tu piel no te define.

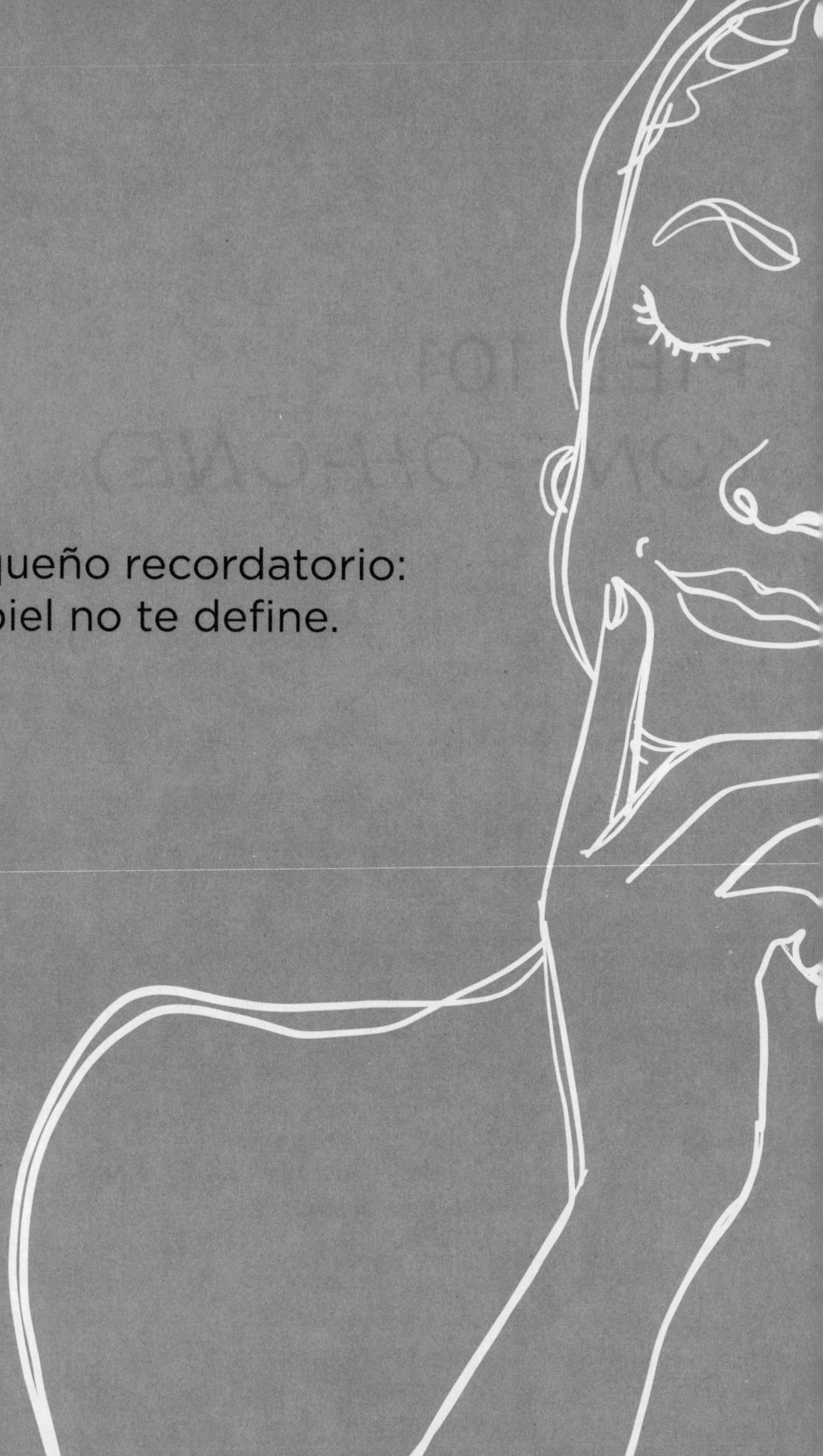

Este será un capítulo básico. Sin comprender cómo está organizada la piel y cuáles son sus procesos, difícilmente conseguirás relacionar determinados cosméticos e ingredientes con su fundamento y su posible efecto. Te prometemos que no vamos a impartir una clase de biología, sino que explicaremos de forma amena el funcionamiento básico de este órgano, sus alteraciones y el abordaje básico de su cuidado para que, cuando leas el listado de ingredientes de un producto, compruebes si contiene aquellas sustancias que cumplirán la función que te interesa en un determinado momento y cómo lo lograrán. ¿Estás preparada para experimentar por ti misma ese momento «¡eureka!» en el que sientes que todo encaja?

La piel es un órgano característico de los animales vertebrados (sí, los humanos también somos animales). Forma la cubierta externa que, a modo de barrera protectora, aísla el cuerpo del mundo exterior. En la especie humana, la piel es el órgano más extenso del cuerpo. Si pudiéramos separarla del cuerpo, comprobaríamos que ocupa una superficie aproximada de 1.6 a 2.1 metros cuadrados y que tiene un peso de ¡unos cuatro kilogramos! La ciencia que estudia las enfermedades de la piel es la dermatología y la persona especialista en su tratamiento es el dermatólogo o la dermatóloga.

La importancia del cuidado de la piel es universal, pero ¿sabías que Corea del Sur es uno de los países con una mayor preocupación por el estado de la piel? No es tanto una cuestión de vanidad como que en una sociedad tan trabajadora como la coreana, la imagen tiene un papel fundamental en el rol que se asumirá en el seno de la sociedad. Por un lado, para gran parte de la sociedad coreana, tener una piel cuidada significa tener respeto hacia uno mismo. Por otro, el ritual que acompaña a la aplicación de esos productos se convierte en una tradición sensorial y placentera.

En Corea, el cuidado de la piel empieza muy pronto. Desde la infancia, las coreanas aprenden que deben dedicar varios minutos al día, tanto por la mañana como por la noche, a mimar su piel. ¡Y no solo ellas! Los chicos también. Según datos de la consultora Euromonitor International, Corea del Sur es el mayor mercado de cosmética masculina. Los coreanos consumen el 25 por ciento de los productos de belleza para hombre que se venden en todo el mundo. ¡Más de 800 millones de dólares al año!

Pero ahora es el momento de centrarnos en la esencia de este libro: la piel.

FUNCIONES DE LA PIEL

Para empezar, ¿para qué sirve la piel? Pues bien, la piel cumple diversas funciones:

- **TIENE UNA FUNCIÓN BARRERA, QUE NOS AÍSLA Y PROTEGE DEL EXTERIOR Y SUS AGRESIONES.** Los agentes agresores pueden ser de naturaleza física (temperatura, radiaciones ultravioletas, etc.), química (contaminantes, radicales libres, etc.) o biológica (organismos patógenos, virus, etc.). Con el paso del tiempo, la piel se ve afectada por estos agentes agresores y muestra el efecto acumulado que han tenido sobre ella, como sucede, por ejemplo, en la piel expuesta a la radiación solar en exceso, que muestra fotoenvejecimiento.

- **ES EL HÁBITAT DE LA MICROBIOTA EPIDÉRMICA.** Es decir, es el hogar de microorganismos beneficiosos que conviven con nosotros.
- **MANTIENE LA CONCENTRACIÓN DE SUSTANCIAS EN LOS FLUIDOS CORPORALES, COMO EL AGUA Y LOS ELECTROLITOS.** Esta concentración es distinta a la del medio que nos rodea, lo cual impide que estas sustancias fluyan libremente entre el interior y el exterior. En especial, la piel no es una esponja que permita el libre tráfico de moléculas desde el entorno hacia el interior del organismo. De ser así, tendríamos un grave problema, ya que no podríamos ni siquiera meternos en el mar sin hincharnos de agua.
- **NOS AYUDA A COMUNICARNOS CON EL ENTORNO.** Es capaz de captar mensajes mediante los receptores sensoriales que conforman el sentido del tacto, percibiendo estímulos de temperatura, presión, dolor... También puede enviar mensajes, por ejemplo, mediante la secreción de sustancias; se cree que la secreción de feromonas, producidas por unas glándulas llamadas apocrinas, podría tener la función de comunicar sutiles mensajes químicos relacionados, entre otros, con la atracción sexual. Otra forma de enviar mensajes es mediante el cambio de coloración (cuando nos sonrojamos al ver a una persona que nos atrae).
- **CONTRIBUYE A LA TERMORREGULACIÓN DEL ORGANISMO.** Es decir que, mediante el sudor y otros mecanismos, nos ayuda a refrigerar el cuerpo cuando tenemos calor y a conservar el calor cuando nos exponemos a un medio frío. Además, permite la excreción de pequeñas cantidades de sustancias de desecho diluidas en el sudor (aunque el porcentaje de sustancias nocivas que se eliminan mediante el sudor es muy pequeño comparado con otros sistemas excretores, como el urinario).

Como ves, el cuidado de la piel no tiene un fin puramente estético, sino que su objetivo principal es el mantenimiento de su salud.

ESTRUCTURA DE LA PIEL

La piel está formada por diversas capas. Si la recorremos desde el exterior hacia el interior, nos encontramos con la epidermis, la dermis y la hipodermis.

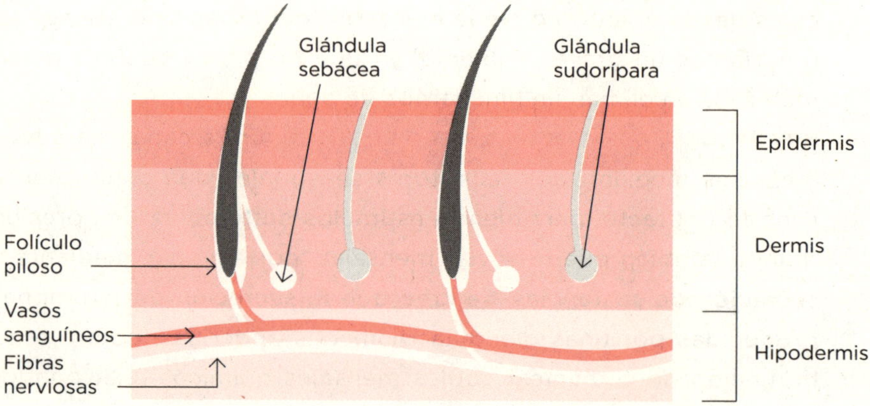

Capas y elementos principales de la piel.

EPIDERMIS

La epidermis es la capa más externa de la piel y es, a su vez, la más delgada. De media, tiene un espesor de 0.1 a 0.4 milímetros (¡menos de la mitad de la división más pequeña de las reglas que usamos en clase!). Sin embargo, dependiendo de la zona corporal específica, puede ser más gruesa (por ejemplo, en las plantas de los pies, donde se engrosa hasta los 0.5 milímetros, o en las palmas de las manos, donde alcanza 1.5 milímetros) o más fina (por ejemplo, en la delicada piel del contorno de los ojos, donde se reduce a un espesor de la mitad, 0.03-0.05 milímetros).

Como sabes, todo nuestro organismo está formado por unas unidades básicas de funcionamiento que son las células. El principal tipo de células que conforman la epidermis (en un 80 por ciento) son los queratinocitos, llamados así porque producen queratina, un grupo de proteínas con una función estructural y de aislamiento. ¿Te suenan los tratamientos de queratina para el cabello? El propio cabello está compuesto de queratina empaquetada en «hilos». La queratina es hidrófoba, esto es, repele el agua, y este es uno de los motivos que contribuyen a que la piel presente cierta impermeabilidad que nos aísla y a que, por ejemplo, no nos hinchemos de agua cuando nos metemos en el mar.

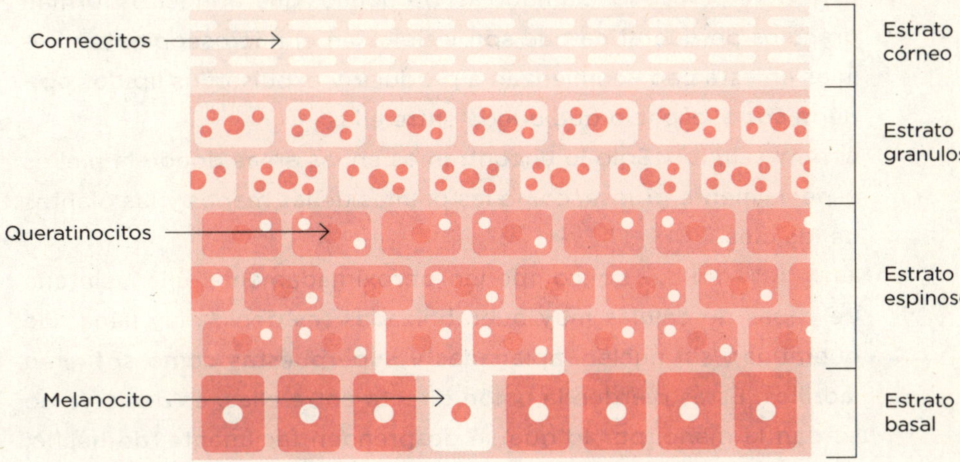

Capas y células principales de la epidermis.

A grandes rasgos, la epidermis se divide a su vez en varias subcapas llamadas «estratos». Si vamos de la capa más interna a la más externa, encontramos los siguientes estratos:

- **ESTRATO BASAL.** Es la capa que se encuentra inmediatamente por encima de la unión dermoepidérmica, el punto de contacto entre la epidermis y la dermis. Se llama también «estrato generativo» precisamente porque «genera» los queratinocitos, que están vivos y se dividen.

En este estrato se encuentran también otros tipos de células: los melanocitos, las células de Merkel y las células de Langerhans. De los melanocitos hablaremos más adelante cuando tratemos el tema de las manchas de la piel.

- **ESTRATO ESPINOSO.** En este estrato, los queratinocitos se encuentran también vivos y unidos de forma directa entre sí mediante los desmosomas, un tipo de unión entre células que, para que te hagas una idea, es como si las células se «dieran la mano» unas a otras o tuvieran «puentes» que las unen.
- **ESTRATO GRANULOSO.** Llamado así porque los queratinocitos forman gránulos de queratina que son visibles en el microscopio. Las células en esta capa comienzan a producir y expulsar los lípidos epidérmicos al espacio que queda entre ellas.
- **ESTRATO LÚCIDO.** Solo lo encontramos en las áreas donde la piel es especialmente gruesa, como las palmas de las manos y las plantas de los pies.
- **ESTRATO CÓRNEO.** Lo componen aproximadamente una veintena de capas de células muy queratinizadas (es decir, muy llenas de queratina), sin núcleo, aplanadas y superpuestas como si fueran ladrillos. Estas pierden la unión directa entre ellas, es decir, ya no se dan la mano, por lo que se desprenden fácilmente; de hecho, son ya tan diferentes a lo que fueron en su fase de generación en el estrato basal que pasan a llamarse corneocitos. Las capas más superficiales de estas células ya son células muertas.

  En lugar de los desmosomas, lo que mantiene a los corneocitos más o menos estables dentro de la capa, sin que esta pierda del todo su integridad, son los lípidos epidérmicos. Para comprender cómo se organizan los corneocitos, se puede comparar el estrato córneo con una pared de ladrillos, donde los corneocitos serían los ladrillos, y el cemento en el que están inmersos lo formarían los lípidos epidérmicos o cementantes, formados por ceramidas, ácidos grasos libres insaturados y colesterol. Este «cemento» o líquido extracelular es de vital importancia para el mantenimiento de la salud de la piel, ya que previene que el agua escape entre los espacios entre células y se evapore con demasiada facilidad hacia el ambiente, es decir, contribuye a la función barrera de la piel. ¿Te suenan estas sustancias como ingredientes cosméticos? ¡Pues claro! Se incluyen en las formulaciones precisamente porque son muy beneficiosas, al ser sustancias que nuestra epidermis produce de forma natural.

Como ves, la epidermis es una capa que carece de capilares sanguíneos, es decir, los vasos con sangre y sus nutrientes no irrigan esta capa. La epidermis se alimenta por difusión desde las capas más profundas: las células «se pasan» los nutrientes desde el estrato basal hacia el estrato más externo. Por el mismo motivo, una sustancia que actúe exclusivamente sobre la epidermis, debido a la dificultad que supone llegar a esos vasos situados a mayor profundidad, no tendrá la oportunidad de absorberse al riego sanguíneo ni de distribuirse a través de él hacia otras zonas del cuerpo.

EL CICLO DE RECAMBIO EPIDÉRMICO

Los humanos estrenamos una epidermis nueva cada 28 días aproximadamente, ya que esta se encuentra en un proceso de renovación continuo llamado «recambio epidérmico», que completa un ciclo equivalente al tiempo de vida de un queratinocito desde que nace hasta que se desprende. Y es que los queratinocitos se dividen («nacen») en la subcapa más interna, el estrato basal, y van madurando y desplazándose a su vez («viajando») hacia las capas más externas de manera progresiva, hasta llegar a la capa superior, donde ya han perdido el núcleo y se han llenado de queratina (es decir, han llegado al final de su vida y son literalmente «células muertas») y se desprenden del cuerpo. La duración de este ciclo es de unos 28 días de media, pero depende de diversos factores, entre los cuales figura el envejecimiento, tal como veremos más tarde.

Este proceso de renovación es vital, ya que los queratinocitos que están en contacto con el medio externo se ven continuamente dañados por los

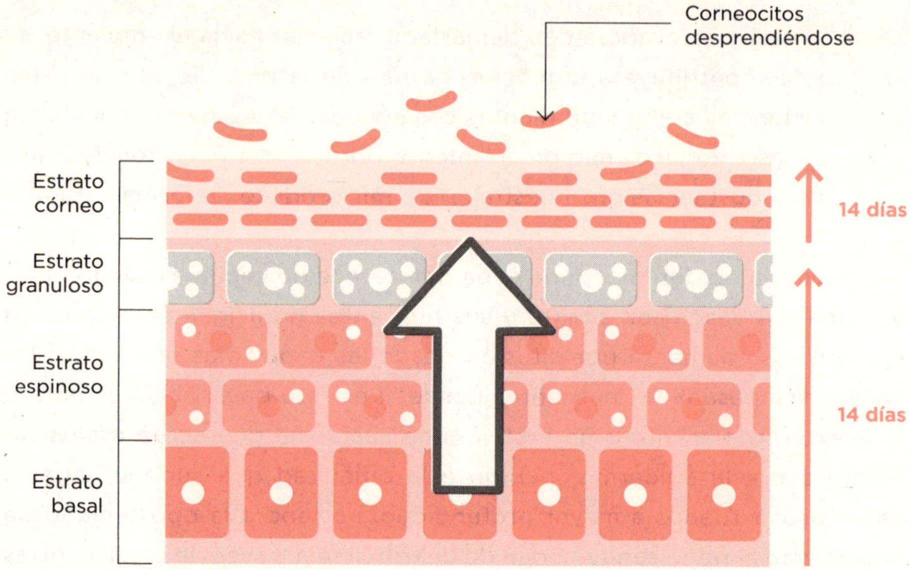

Ciclo de recambio epidérmico.

agentes agresores. La epidermis soluciona esta pérdida de funcionalidad de estos «soldados en el frente» con su recambio continuo. Esta piel muerta desprendida forma gran parte del polvo que existe en nuestros hogares. Asimismo, el recambio epidérmico es el responsable de que, por ejemplo, una marca de acné no dure para siempre, sino que se vaya atenuando con el tiempo, ya que las células hiperpigmentadas, de encontrarse en la epidermis, también pueden ir desprendiéndose a medida que se desplazan hacia el exterior.

Cuando exfoliamos la piel, lo que conseguimos precisamente es ayudar al desprendimiento de estas capas más externas de la epidermis y, por tanto, estimulamos el ciclo de recambio de los queratinocitos, cuyo resultado para el ojo humano es una piel más nueva y jugosa; sin embargo, los *peelings* profesionales pueden llegar a desprender capas más profundas, hasta la dermis, lo cual no ocurre en los *peelings* cosméticos. En el equilibrio está la clave: ¡ojo con la sobreexfoliación! Los exfoliantes más potentes no son para uso diario. Con el auge de los *peelings* de uso doméstico, como los ácidos exfoliantes, han aumentado los casos de piel dañada que necesita «un descanso» para restablecer su función barrera. Que no sea este tu caso, ya que ¡no es tan agradable!

EL PH DE LA PIEL

En este viaje tenemos que hacer necesariamente una parada para presentarte un concepto clave: el pH. Sabemos que la química es dura, pero te prometemos que estas rápidas nociones te resultarán muy muy útiles y fáciles de entender, y podrás aplicarlas en muchos ámbitos (incluido el de la cosmética).

Como sabes, la materia está formada por moléculas, que a su vez se componen de diferentes combinaciones de átomos. Estos átomos tienen una parte central, el núcleo, formado por protones (con carga positiva) y neutrones. También constan de electrones (con carga negativa), que orbitan en la corteza alrededor del núcleo.

Las moléculas (como el agua, el ácido ascórbico, el colágeno, la lactosa, etc.) se diferencian entre sí por la combinación de átomos que las forman y por la disposición en el espacio que adoptan estos átomos. Cada molécula tiene distintas propiedades, que son las mismas independientemente de que el origen de la molécula sea natural o sintético. Esto quiere decir que, por ejemplo, las propiedades del ácido ascórbico (vitamina C pura) natural son idénticas a las propiedades del ácido ascórbico sintetizado en el laboratorio. Seguro que ya lo has adivinado: los cosméticos están compuestos por ¡montones! de moléculas distintas.

Teniendo en cuenta lo anterior, imagina que diluyes una molécula (por ejemplo, ácido ascórbico en polvo) en agua pura. El pH de esta disolución acuosa sería la medida de la concentración de protones en ella, lo cual, dicho de otro modo, es una medida de la acidez de la disolución. ¡Exacto! Sin complicarnos mucho, podemos decir que a las moléculas que tienen capacidad de liberar protones en una disolución acuosa se las llama «ácidos». Todos los ácidos (ácido ascórbico, ácido hialurónico, ácido cítrico...) tienen en común esta propiedad. También los famosos ácidos exfoliantes, como el glicólico, el láctico, el salicílico, etc.

Como hemos dicho, el pH es la medida de la concentración de protones en una disolución acuosa. Por tanto, no se puede medir el pH de los productos que no se encuentren en una disolución acuosa, como sucede en el caso de los aceites cosméticos que carecen de agua en su composición (por ejemplo, los aceites de Urang).

La medida del pH varía entre 0 y 14, considerándose que 7.0 es el nivel de pH neutro, que coincide con el valor de pH del agua pura. Los valores de pH inferiores a 7 se consideran pH ácidos en general. Cuanto más bajo sea el valor de pH, más ácida es una disolución. Por el contrario, cuanto más alto sea el valor de pH, más alcalina o «básica» es una disolución.

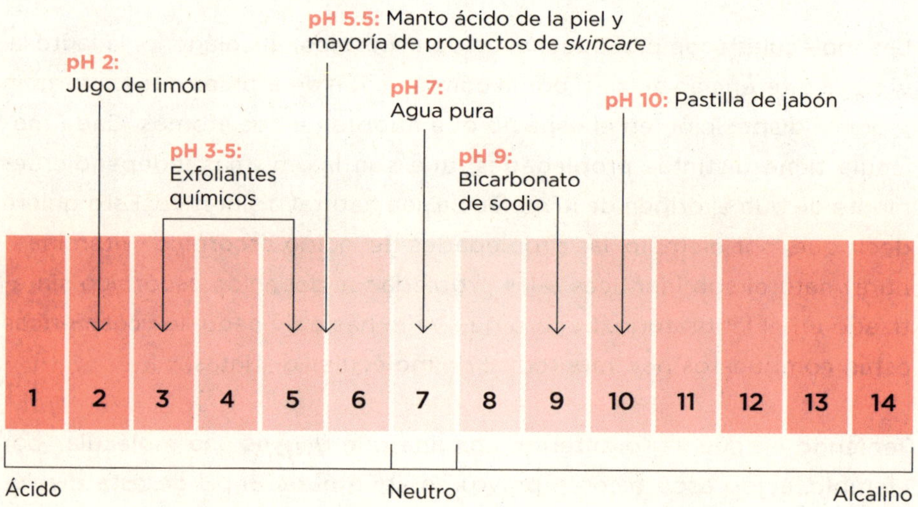

Escala de pH y valores aproximados de pH de algunas disoluciones.

¿Y cómo se relaciona esto del pH con la piel? Pues bien, la piel sana tiene un valor de pH que ronda de manera natural un 5.5. Este es el pH fisiológico de la piel, que se explica porque la piel tiene un manto ácido, es decir, una combinación de sustancias que produce la piel en su superficie para mantenerse hidratada y protegerse contra bacterias, virus y otras agresiones; estas sustancias pueden ser aceites naturales como ácidos grasos, el sudor que contiene ácido láctico, etc. Cuando nos referimos a la piel en el ámbito de la cosmética, el pH neutro es 5.5 en lugar de 7.0 y los pH ácidos serían los niveles inferiores a este valor.

Distintas enfermedades de la piel se caracterizan por presentar desviaciones en este pH fisiológico. Los cosméticos bien formulados buscarán, entre otros objetivos, compensar (o alterar lo menos posible) el pH de la piel. Las coreanas están muy concienciadas de utilizar productos con un pH equilibrado. Por este motivo, muchos productos coreanos (en especial, los limpiadores) muestran su pH en el etiquetado o indican tener un pH ligeramente ácido (*slightly acidic pH*); por ejemplo, el limpiador de la segunda marca propia que lanzamos desde MiiN: Puri-tea Salicylic Acid Cleansing Gel de Meisani.

Los productos de uso rutinario tendrán, por lo general, pH equilibrados en torno a 5.5, mientras que algunos productos de uso más o menos puntual (como los ácidos que se emplean en exfoliantes químicos: glicólico, láctico, salicílico...) o activos como la vitamina C pura pueden formularse con pH más ácidos con el fin de buscar ciertos beneficios o hacerlos más estables. Sin embargo, el uso continuado de productos con pH extremos, como los extremadamente ácidos, pero sobre todo aquellos muy alcalinos, puede estar desaconsejado en algunos casos, puesto que podrían alterar demasiado el pH del manto ácido y resultar a largo plazo en problemas en la piel. Este es el caso de algunos remedios caseros, como la aplicación de jugo de limón o bicarbonato sobre la piel, ya que tienen, respectivamente, un pH muy ácido y muy alcalino. Conocer estos datos sobre el pH y la piel es un muy buen comienzo en la búsqueda de una piel más sana.

LA BARRERA HIDROLIPÍDICA

Existe una «capa» adicional que acaba de redondear la función barrera de nuestra piel y que recibe distintos nombres: film hidrolipídico, película hidrolipídica o barrera hidrolipídica. Se trata de una capa de sustancias sin células que recubre la superficie externa de la piel, lo que permite mantenerla flexible y proteger las células en la capa más externa de la epidermis. Por ello se dice a veces que es la «primera línea de defensa». Al carecer de células epidérmicas, no se la suele dibujar en todos los esquemas de la epidermis, pero ¡es muy importante!

El film hidrolipídico está compuesto, como su nombre indica, por agua (*hidro-* viene del griego antiguo ὑδρο-, *hydro*, que significa «agua»), ya que procede de la secreción de las glándulas sudoríparas, el sudor. Tam-

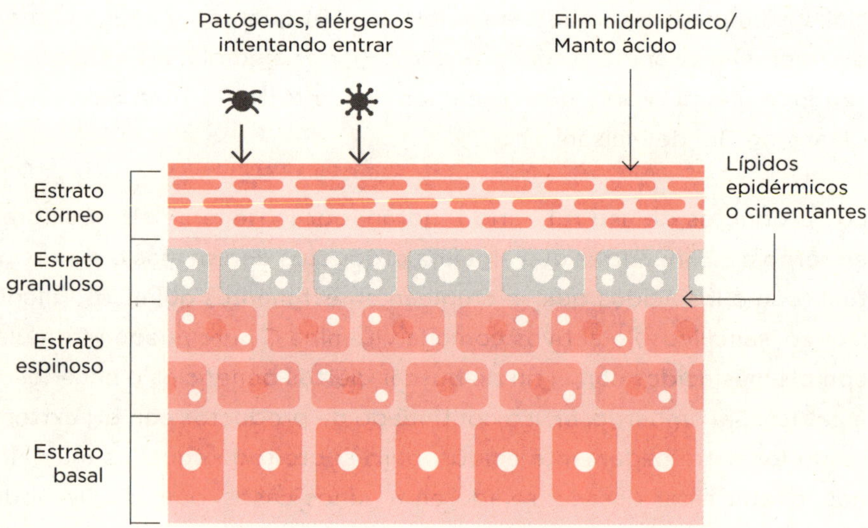

Localización del manto ácido.

bién está formado por sebo, es decir, por grasas o lípidos (de ahí la parte *-lipídico* del griego -λιπος, *lípos* , que significa «grasa»); esta parte procede de la secreción de las glándulas sebáceas a través de los poros de la piel. Al contener estas dos fases, acuosa y oleosa, también se suele hacer referencia a él como «emulsión», que es una mezcla entre, precisamente, agua y aceite.

El film hidrolipídico alberga una compleja mezcla de sustancias. De gran importancia es que la fase acuosa contiene un cóctel de moléculas hidratantes, el factor natural de hidratación (FNH o, en inglés, NMF), que a su vez se compone de ácido láctico, aminoácidos, urea e iones como el sodio o el magnesio. Por su parte, la fase oleosa la componen, entre otros, diversas sustancias grasas, como triglicéridos, ésteres de cera, escualeno, ácidos grasos, etc. Como ya podrás imaginar, una producción de sebo excesiva o en proporciones alteradas, que desequilibre la balanza hacia esta fase oleosa, es causa inmediata de una piel grasa. Así pues, la proporción entre ambas partes, acuosa y oleosa, ha de estar equilibrada para que la piel se mantenga sana.

Se suele emplear el término «manto ácido» como sinónimo de barrera hidrolipídica. El adjetivo «ácido» en su nombre resalta precisamente las características ácidas de esta mezcla de sustancias que, como decíamos anteriormente, en la piel sana suele estar en torno a un pH de 5.5 («pH fisiológico»). La recomendación general de utilizar productos cosméticos, en especial limpiadores, con pH «ligeramente ácido» o «neutro para la piel» se debe a que estos presentan también un pH cercano al fisiológico, de modo que no alteran el pH del manto ácido. Busca preferentemente limpiadores de este tipo. Este valor de pH del manto ácido no es cien por ciento fijo, sino que puede variar según las zonas corporales, el momento vital, las influencias hormonales...

En el manto ácido reside, además, de forma permanente una población muy diversa de microorganismos cuya presencia es beneficiosa para la piel. Se trata de la llamada «microbiota de la piel» o «flora cutánea», y su preservación es tendencia en el mundo de la cosmética. Seguro que has oído hablar de productos con prebióticos, probióticos y posbióticos, como el cóctel que contiene la mascarilla de tejido de la primera marca propia que lanzamos desde MiiN en 2021, Probiotics & Cica Water Soothing Mask de Ondo Beauty 36.5.

Un manto ácido sano contribuye a una óptima función barrera de la piel, ya que permite la correcta formación de los lípidos epidérmicos, una descamación normal y los procesos de reparación del estrato córneo que suceden si este se ha visto lastimado.

El manto ácido es delicado y puede dañarse con facilidad. Un manto ácido alterado permite una mayor pérdida de agua transepidérmica o TEWL (por sus siglas en inglés); veremos enseguida qué es esto. En consecuencia, se produce deshidratación y se facilita la entrada de organismos patógenos, alérgenos, etc.

Seguro que últimamente te ha llegado mucha información sobre productos cosméticos con «función barrera». Estos son también tendencia tras el auge de los exfoliantes químicos para uso doméstico, algunos muy potentes, cuyo uso excesivo altera el equilibrio de la piel, y a causa también de la creciente demanda de productos para piel sensible o sensibilizada. Lo que buscan estos productos es mantener o restablecer el manto ácido o los lípidos epidérmicos y, en consecuencia, conseguir una piel sana. ¿Conoces la mascarilla de noche Squalane & Bakuchiol Sleeping Pack de Ondo Beauty 36.5? Contiene, precisamente, escualano, un lípido muy similar al escualeno que integra el film hidrolipídico, y su objetivo es reforzar la función barrera.

Hay diversos factores que alteran el equilibrio del manto ácido:

- La aplicación de productos con pH muy alejados de 5.5, en especial los muy alcalinos. Por ejemplo, el uso constante de jabones clásicos (con un pH superior a 8.0), a largo plazo no sería excesivamente recomendable para pieles con tendencia a ser secas o sensibles. ¿Has usado alguna vez un jabón clásico de manos para lavarte el rostro? Ahora seguro que entenderás por qué esto quizá te deja la piel demasiado tirante, porque ha dañado el manto ácido. Hay montones de opciones dentro de la cosmética coreana con pH adecuados.

- Una limpieza o exfoliación excesivas. Y, en general, el uso de cosméticos no adecuados y agresivos.
- Temperaturas muy altas o muy bajas. Por ejemplo, el agua que usamos para la limpieza debería ser templada, nunca demasiado caliente.
- La radiación solar, la polución, los radicales libres, los aires acondicionados...

LA PÉRDIDA DE AGUA TRANSEPIDÉRMICA O TEWL

La piel, a través de su función barrera, se encarga de protegernos frente a una serie de agresiones externas (radiación ultravioleta, patógenos, etc.). Pero también frena la evaporación del agua desde el interior de nuestro cuerpo hacia el ambiente y, por tanto, evita que perdamos agua a un ritmo descontrolado. Fíjate en que hablamos de «frenar» y en ningún caso de «impedir». Esta función barrera no implica que la piel sea totalmente impermeable, sino que presenta una permeabilidad selectiva. El agua de los fluidos corporales se mueve desde las capas interiores de la piel hacia las exteriores. A su llegada al estrato córneo, este no es capaz de evitar la evaporación de agua hacia el medio al cien por ciento, por lo que a través de ese estrato se produce de manera natural y constante una pérdida de agua transepidérmica (TEWL, por sus siglas en inglés). De media, perdemos entre 300 y 400 mililitros de agua mediante este mecanismo diariamente.

Cuando la función barrera de la piel se encuentra en buenas condiciones, el estrato córneo contiene una cantidad adecuada de agua (un 10 a 20 por ciento de su composición total) y los espacios que quedan entre células y lípidos epidérmicos son pequeños, por lo que la cantidad de agua que se evapora hacia el medio está en equilibrio y es limitada, es decir, la

TEWL está controlada. La piel puede entonces realizar su metabolismo normal y llevar a cabo sus funciones a pleno rendimiento, entre ellas, la de protección. Estaríamos hablando de una piel hidratada.

Sin embargo, cuando la barrera de la piel se encuentra alterada (por ejemplo, por un daño en el manto ácido o por una alteración de los lípidos epidérmicos), el contenido de agua del estrato córneo cae por debajo del 10 por ciento, ya que el agua lo tiene mucho más fácil para moverse por los espacios que quedan entre las células, y se pierde saliendo hacia el medio por evaporación con demasiada rapidez; en este caso, la TEWL es demasiado alta. A mediano o largo plazo, esto puede dar lugar a otros problemas, como sensibilidad, picor, enrojecimiento, irritación, ... y a una presencia más notoria de líneas de expresión y arrugas marcadas. Los trastornos dermatológicos, como la dermatitis atópica, se acompañan de una TEWL aumentada. Estaríamos hablando de una piel deshidratada.

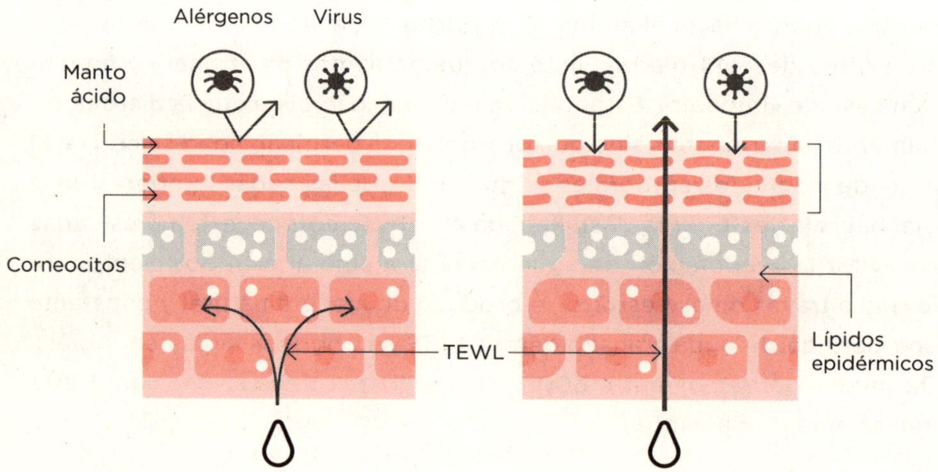

Barrera de la piel sana. **Barrera de la piel alterada.**

Existen una multitud de factores que pueden tener un impacto en la TEWL. Algunos de ellos podrían ser:

- El área anatómica que estemos tratando. Los labios, por ejemplo, no contienen glándulas sebáceas y el manto ácido no es capaz de mantener la pérdida de agua al mínimo como en otras zonas; por ello, son áreas que suelen sufrir más deshidratación que otras.
- La humedad ambiental.
- La actividad de las glándulas sudoríparas.
- El momento vital.
- Muchos de los factores que hemos visto que afectan al manto ácido.

DERMIS

La dermis es la segunda capa de la piel, situada en un plano inmediatamente inferior a la epidermis. Se une estrechamente a ella mediante la unión dermoepidérmica, que vista de una forma transversal tiene una forma ondulada, como si quisiera dibujar pequeñas montañitas.

Esta capa es radicalmente distinta a la epidermis. Su grosor es mucho mayor, ya que llega a multiplicar el de la epidermis entre unas veinte y treinta veces. Por ello ejerce una función protectora, al permitir absorber y amortiguar la energía de posibles golpes.

La dermis tiene peculiaridades muy interesantes. A diferencia de la epidermis, en la dermis todas las células están vivas y contiene capilares sanguíneos. Esto significa que a esta capa sí llegan el oxígeno y los nutrientes directamente de la sangre. Desde aquí se difunden los nutrientes a las capas superiores de la epidermis para que estas alimenten a sus células, es decir, la dermis tiene la función de nutrir o «alimentar» a la epidermis. Esto también implica que las sustancias que pueden penetrar hasta esta capa sí podrían absorberse en el riego sanguíneo y distribuirse al resto del organismo; esto sucede, por ejemplo, en el caso de medicamentos como el parche anticonceptivo, que se aplica sobre la piel, cuyos activos viajan a través de la circulación sanguínea hasta los órganos reproductores, donde ejercen su efecto.

La dermis también desempeña una función estructural, es decir, le proporciona a la piel un «esqueleto» sobre el que estructurarse. El principal tipo de células de la dermis son los fibroblastos, que producen proteínas dispuestas en fibras dérmicas, como colágeno de diversos tipos y elastina, que le aportan a la dermis su fuerza, su extensibilidad, su elasticidad... Y esto se traduce de forma externa en el sostén, el volumen y la firmeza de la piel. Con el transcurso de los años, estas fibras se degradan, lo cual es precisamente una de las causas de la pérdida de estas características de la piel joven.

Las proteínas y las células de la epidermis se encuentran «flotando» en un líquido viscoso llamado «matriz extracelular», que contiene, entre otras sustancias, ácido hialurónico. Se trata de un polisacárido (es decir, un azúcar) capaz de retener grandes cantidades de agua, hasta mil veces su peso, y, por tanto, aporta turgencia e hidratación a la dermis. ¿Te suenan los rellenos de ácido hialurónico en ojeras o labios que se realizan en las clínicas de medicina estética? Son infiltraciones de ácido hialurónico y otras sustancias que se depositan mediante agujas o cánulas en la dermis para aportar volumen o hidratarla, entre otros beneficios. ¿Te preguntabas por qué tus *idols* coreanos siempre muestran un aspecto joven? ¡En Corea son expertos en este tipo de procedimientos que actúan sobre la dermis!

Otra función clave de la dermis es la sensitiva, ya que contiene receptores de la presión, la temperatura, el dolor... También alberga terminaciones nerviosas que emiten y reciben señales.

ANEJOS CUTÁNEOS

La dermis alberga los anejos cutáneos, que, expresado de manera sencilla, son estructuras que se generan en la piel, pero no son piel. Los anejos cutáneos son, por tanto, una serie de estructuras «complementarias» a la piel que son visibles en su superficie o sobresalen de ella. Nacen a nivel de la dermis y se extienden hacia la epidermis. En los humanos son de varios tipos, y quizá te sorprenda saber que las escamas de los reptiles, las plumas de las aves o los cuernos de los bóvidos son también anejos cutáneos. ¡Te contamos algunas curiosidades interesantes sobre ellos!

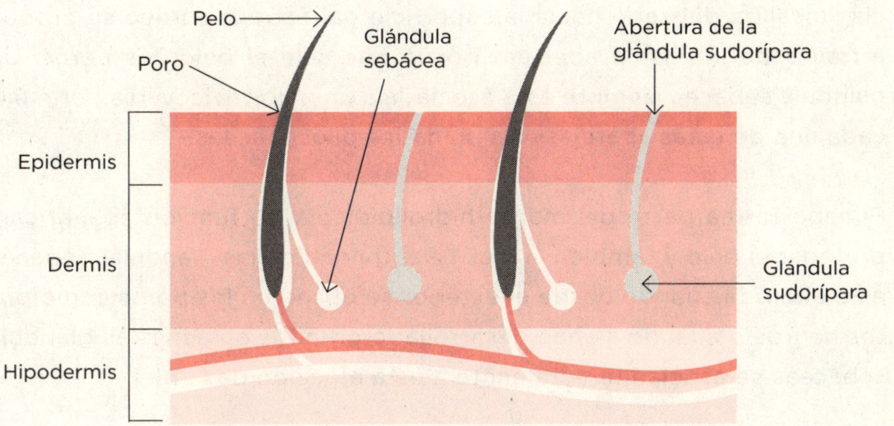

Estructura general de algunos anejos cutáneos.

PELO: Este término incluye el cabello y el vello corporal. El pelo es una estructura formada por queratina y células muertas, por lo que no puede alimentarse ni respirar, por mucho que hayamos oído numerosas veces estas expresiones. A su raíz o nacimiento en la dermis, el folículo piloso, llegan los capilares sanguíneos, que alimentan al pelo de nutrientes para que crezca. El pelo se abre paso hacia el exterior a través del poro. Es importante recalcar que el folículo no se ve afectado por los tratamientos que efectuemos sobre el largo del pelo; por ello, teñirnos o decolorarnos no afecta a la salud del nacimiento del pelo.

Nos fascina la temática capilar y existe muy buena cosmética capilar coreana (¿has probado los tratamientos para el cabello de Rated Green?). Sin embargo, es un tema tan amplio que idaría para otro libro completo!

UÑAS: Están formadas también por células muertas ricas en queratina. Tienen la función principal de proteger el extremo de nuestros dedos y, en el caso de las manos, de mejorar la precisión en sus movimientos.

GLÁNDULAS SEBÁCEAS: Producen el sebo que formará parte de la película hidrolipídica. El sebo se vierte sobre el folículo piloso y, en última instancia, la salida del sebo hacia la superficie del estrato córneo se produce a través de la misma abertura por la que sale el pelo: los poros. Una glándula sebácea siempre está asociada a un pelo, y viceversa, formando cada una de estas «parejas» las unidades pilosebáceas.

El sebo forma parte del manto hidrolipídico y su función es lubricar y proteger el pelo y también la piel. La actividad de las glándulas sebáceas está alterada cuando desde el exterior se observan los poros como puntos negros o cuando se han desarrollado granitos de acné; las glándulas sebáceas se asocian directamente a esta afección de la piel.

Cuando hace frío, la composición del sebo tiende a ser más hidrófoba. Es decir, repele mejor el agua, aislando con mayor eficacia tanto el pelo como la piel.

GLÁNDULAS SUDORÍPARAS: Producen el sudor, cuyo principal objetivo es la termorregulación (al evaporarse el sudor desde nuestra piel, enfría el organismo). También se disparan en situaciones de estrés, ansiedad, miedo, dolor...

Tenemos una mayor concentración de glándulas sudoríparas en las palmas de las manos, las plantas de los pies y la región frontal del rostro. ¿Sabías que su orificio de salida a la superficie de la piel es otro diferente al de los poros? ¡No sudamos a través de ellos!

En condiciones normales, podemos generar aproximadamente un litro de sudor al día. El característico aroma del sudor no se debe a la sustancia en sí, sino a la actividad de las bacterias de la piel al descomponerlo.

El exceso de sudoración, llamado «hiperhidrosis», podría solucionarse en la clínica de medicina estética mediante la inyección localizada de toxina botulínica o bótox, exactamente la misma sustancia que se emplea para impedir el desarrollo de arrugas de expresión en frente, patas de gallo y entrecejo.

HIPODERMIS

La hipodermis, o tejido subcutáneo, es la tercera capa de la piel. Sus funciones principales son el almacenamiento de energía en forma de grasa en unas células especiales, los adipocitos, así como la amortiguación y el aislamiento térmico (piensa en la capa de tejido subcutáneo tan gruesa que tienen los leones marinos). Dada su profundidad, la cosmética no tiene un gran potencial para afectar a la fisiología de la hipodermis. Como curiosidad, las inyecciones subcutáneas, como las de insulina, deben realizarse en esta capa.

La manifestación externa de este tejido de la que más oímos hablar es la celulitis. La celulitis es una alteración de este tejido adiposo que se da con mayor frecuencia en mujeres: se estima que más de un 90 por ciento de las mujeres de todo el mundo, incluidas las coreanas, la tenemos en algún momento de nuestra vida. Todavía no se conocen a la perfección todos los mecanismos que la desencadenan, pero se cree que este proceso tiene su origen en una alteración de la microcirculación, que haría que los vasos sanguíneos tuvieran dificultades para alimentar a los adipocitos y recoger sus productos de desecho. Sabemos, eso sí, que la celulitis puede mejorar con tratamientos médicos o estéticos (si se requieren), sumados a unos buenos hábitos de vida (alimentación, ejercicio, gestión del estrés, cero alcohol y tabaco, etc.) y a la realización de masajes.

CLASIFICACIÓN DE LA PIEL

Los humanos tendemos de forma natural a categorizar y compartimentarlo todo para comprender mejor el mundo. ¡Qué le vamos a hacer! Aunque hay tantas pieles diferentes como personas, durante mucho tiempo hemos intentado clasificar las distintas características de la piel en tipos, para así permitir una fácil identificación de los problemas y las soluciones más habituales de cada tipo de piel. Esto resulta útil sobre todo para facilitarnos la vida a nosotras mismas a la hora de elegir y comprar cosmética.

Sin embargo, hemos de contarte que existen numerosas formas de clasificar, desde las más sencillas, como la de Helena Rubinstein a principios de siglo XX que incluía cuatro categorías (seca, grasa, mixta y sensible), hasta las más complejas. Ninguna de ellas abarca al cien por ciento la complejidad del espectro de pieles del mundo real. De hecho, sucede en ocasiones que distintos profesionales pueden haber categorizado tu piel de forma diferente. Hay quien considerará que tienes una piel grasa, mientras que para otros será mixta. Esto puede llevarte a confusión, pero ¡no pierdas el foco! Lo realmente importante no es darle un nombre a tu tipo de piel, sino encontrar lo que necesita y lo que le funciona.

En 2005, el equipo de investigadores de Baumann publicó una nueva clasificación que revelaría 16 categorías de piel según su hidratación, sensibilidad, pigmentación y tersura. Una clasificación más sencilla e intuitiva podría ser la de piel grasa frente a piel seca. Estos dos puntos serían los dos extremos de un continuo.

Las características que te indicamos a continuación son las más frecuentes.

CARACTERÍSTICAS DE LOS DOS TIPOS BÁSICOS DE PIEL	PIEL GRASA	PIEL SECA
HIDRATACIÓN	Puede ser alta o baja (piel deshidratada)	Siempre baja (piel deshidratada)
TEWL	Puede ser alta (piel deshidratada) o normal	Aumentada (piel deshidratada)
TEXTURA	Puede tener textura o no, pero habitualmente se ve jugosa	Áspera, mate
BARRERA CUTÁNEA	Alterada → «Sensible» No alterada → «Resistente»	Alterada → «Sensible» No alterada → «Resistente»
LÍPIDOS EPIDÉRMICOS	Pueden estar alterados o no	Déficit
PRODUCCIÓN SEBÁCEA	Aumentada	Suele ser reducida
TAMAÑO APARENTE DE LOS POROS	Grande	Pequeño
PROBLEMAS FRECUENTES	Puntos negros y blancos, brillos, acné inflamatorio	Descamación, textura rugosa, falta de luminosidad, desarrollo de arrugas, sensibilidad, tirantez
INGREDIENTES FAVORITOS*	Beta hidroxiácidos (BHA), retinoides, niacinamida, ácido azelaico, alfa hidroxiácidos (AHA), polihidroxiácidos (PHA), centella asiática, aceite de árbol de té, arcillas, humectantes...*	AHA, PHA, lípidos cementantes (ceramidas, ácidos grasos, colesterol), humectantes, emolientes, oclusivos, vitamina C pura, pantenol...*
TEXTURAS FAVORITAS	Ligeras	Ricas

*No te agobies con estos nombres. Aprenderás más detalles sobre todos estos ingredientes en el próximo capítulo.

De la tabla anterior se derivan algunos puntos:

- La (hipotética) piel normal sería aquella que no presenta una alteración de la barrera cutánea, o un exceso o defecto de la TEWL o de la producción sebácea... Sería una piel ideal, que apenas necesita nada. ¿Existirá?
- La «piel mixta» sería una combinación entre la piel seca o piel normal y la piel grasa, según la zona. En la zona T (frente, nariz, mentón) presentaría características de piel grasa. ¡Es superfrecuente!

- La piel deshidratada contiene una baja cantidad de agua en su estrato córneo, y esto puede darse de manera más o menos transitoria. Por su parte, se denomina piel seca a la que contiene una baja cantidad de lípidos cementantes de manera crónica, por lo que siempre está deshidratada. El resultado en ambos casos es una TEWL que sigue un ritmo aumentado. Por su parte, las pieles grasas ¡también pueden estar deshidratadas!
- La característica «sensibilidad» puede darse en combinación con la piel grasa, mixta, normal o seca.

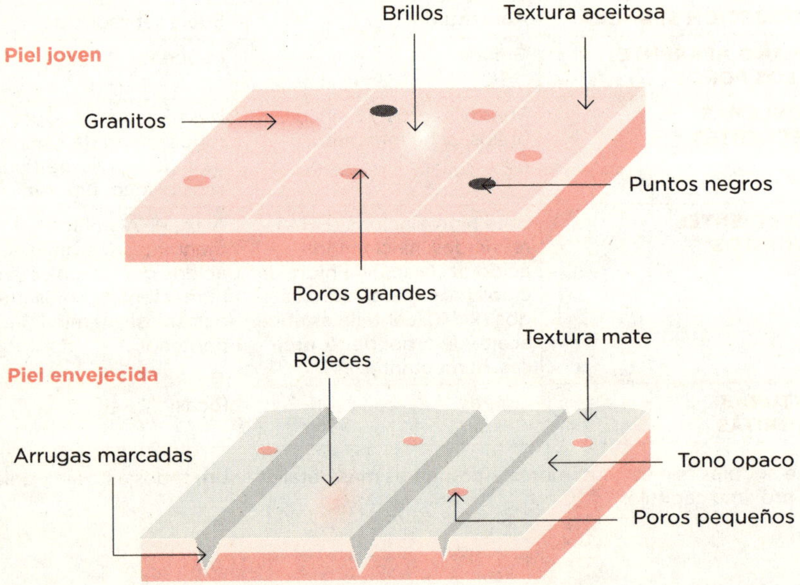

Estructura de la piel joven y de la piel envejecida.

Según esto, ¿con qué categorías de piel identificas la tuya? ¿Sabrías cómo elegir una rutina para ti? Puedes probar con las rutinas base para piel grasa y seca que hemos incluido en el capítulo cuatro e ir añadiendo los productos más específicos que se focalicen en tus principales preocupaciones.

PIEL SENSIBLE

Hoy en día, parece que todos tenemos la piel sensible. Según una encuesta de 2019, alrededor del 60 a 70 por ciento de las mujeres y el 50 a 60 por ciento de los hombres reportaban tener algún grado de piel sensible. Puede que esta percepción tenga algo de cierto. La contaminación, el estrés, la propia genética y la ignorancia acerca de los ingredientes en los productos de belleza podrían ser algunas de las razones que explicarían esta sensación. El ritmo de vida frenético también afecta a nuestra piel. En este contexto se hace necesario hablar sobre la sensibilidad: ¿tenemos la «piel sensible» o nuestra piel está pasando por una fase de «sensibilización»?

¿Has introducido de repente un exfoliante químico con un alto porcentaje de alfa hidroxiácidos (AHA) y sientes escozor al aplicarlo? ¿O acabas de empezar a utilizar retinol en tu rutina? ¿Te has exfoliado enérgicamente la piel y ha estado enrojecida durante unos días? Puede que en este caso no tengas la piel sensible *per se*, sino sensibilizada de manera transitoria. Probablemente se haya visto agredida por una mala combinación de productos, condiciones climáticas... A la piel le afectan los cambios y cualquier alteración puede provocar alguna de estas consecuencias: rojeces, tirantez, escozor, molestias, aumento de la temperatura... Así, tener la piel sensibilizada es mucho más habitual que tener la piel sensible. No te preocupes, porque es un estado reversible que se soluciona al reparar la función de barrera cutánea.

Tener la piel sensible de forma permanente, por genética, es poco frecuente. Si te han diagnosticado que tienes piel sensible o cualquier enfermedad asociada a ella, como eczema, rosácea, dermatitis atópica, psoriasis... o presentas una alteración de la piel debido a algún medicamento o alergia, deberás tener en cuenta todas las recomendaciones que te indique tu médico. ¡Es por tu bien! Antes de comprar un producto, te recomendamos que acudas a tu dermatólogo y le compartas siempre la lista de ingredientes del producto que quieres introducir en tu rutina. Si quieres saltarte este paso, investiga a fondo ese producto, y si puedes obtener una muestra, haz una prueba sobre tu muñeca o justo delante de la oreja para ver qué tal reaccionas a él. Acuérdate que más vale prevenir que lamentar.

Si sospechas que tienes la piel sensible, seguramente tu piel se encargará de hacértelo saber a través de tu reacción a ciertas sustancias. Puedes hacer una prueba al presionar tus mejillas ejerciendo una presión media: si notas que se ponen rojizas o queda una marca que no desaparece inmediatamente, puede que tu piel sea sensible. Asimismo, fíjate en cómo interactúa con los diferentes tipos de clima. Es normal que la piel se reseque un poco al estar expuesta al frío y que sea más grasa a temperaturas más elevadas, pero si el cambio es muy drástico y te produce incomodidad, puede que sí tengas la piel sensible.

Si crees que tienes la piel sensible o sensibilizada, toma nota de las siguientes recomendaciones generales:

- **BUSCA PREFERENTEMENTE PRODUCTOS SIN PERFUME Y SIN ACEITES ESENCIALES,** o con un bajo porcentaje de ellos. Sus alérgenos podrían conseguir atravesar tu barrera cutánea alterada y causarte irritación.
- **USA FÓRMULAS QUE NO SEAN EXCESIVAMENTE ASTRINGENTES,** como aquellas que contengan un alto porcentaje de alcohol (si tienen un pequeño porcentaje, no habrá problema).
- **OPTA POR PRODUCTOS QUE NO CONTENGAN UNA LISTA INTERMINABLE DE EXTRACTOS NATURALES;** probablemente estén añadidos a muy bajos porcentajes y cada uno de ellos posee una alta variedad de moléculas. Por simple estadística, es más probable que un producto con una gran variedad de ingredientes contenga alguno que a tu piel no le guste.
- Siguiendo el mismo razonamiento, **BUSCA PRODUCTOS CON FÓRMULAS MINIMALISTAS,** es decir, con el menor número de ingredientes diferentes posibles (¿has visto los productos de Meisani o Barr?). Por el mismo motivo, tu rutina debería ser minimalista también, incluyendo un número mínimo de productos: los justos y necesarios, cuyo uso siempre esté justificado por su beneficio.

- Algunos de tus **INGREDIENTES ALIADOS** serán estos: niacinamida, ácido hialurónico, centella asiática, pantenol, ceramidas, escualano, *petrolatum*... De momento quédate con todos estos nombres y, más adelante, ya aprenderás sobre ellos.
- En caso de querer exfoliar tu piel y limpiar los poros, hazlo suavemente con **LOS EXFOLIANTES MÁS SUAVES:** los polihidroxiácidos (PHA) en porcentajes bajos o exfoliantes enzimáticos. Huye de exfoliantes mecánicos.
- **BUSCA LIMPIADORES DE TIPO *SYNDET*** *(Synthetic Detergent)*, más modernos que los jabones clásicos y con un pH equilibrado.
- **TU PIEL TAMPOCO APRECIARÁ LOS PH BAJOS HASTA QUE SU FUNCIÓN BARRERA NO ESTÉ REPARADA.** No es momento de jugar con *peelings* químicos fuertes. Deja también para otro momento la vitamina C pura y los retinoides.

El caso de la piel grasa y sensible a la vez merece especial atención por su complejidad. Como hemos visto, la piel sensibilizada sería un estado de la piel transitorio debido a diversos factores puntuales, más que un tipo de piel. Sin embargo, la piel grasa sí se considera un tipo de piel asociada a una excesiva producción de sebo por parte de las glándulas sebáceas. La piel grasa puede ser, además, sensible o estar sensibilizada, en cuyo caso debemos prestar mucha atención a los productos que escojamos, ya que no cualquier cosmético nos proporcionará lo que necesitamos. Esta piel suele tender al acné o a la rosácea.

Para rizar más el rizo, la piel grasa y sensible o sensibilizada puede y suele estar deshidratada. Es decir, aunque los lípidos sean abundantes en su superficie, las capas superiores de la epidermis suelen carecer de agua. El objetivo será entonces controlar la producción de sebo y, a su vez, intentar reparar la función barrera a la vez que dejamos de molestar a nuestra piel. Nuestro consejo es que, en primer lugar, consultes con un dermatólogo si las condiciones de tu piel se complican o te preocupan.

CUIDADO (MUY) BÁSICO DE LA PIEL

Existen unos pilares esenciales sobre los que debe asentarse, sí o sí, toda rutina de cuidado de la piel. Se trata de la limpieza, la hidratación y la protección. ¿Estás lista para descubrir por qué son tan importantes?

LIMPIEZA DE LA PIEL

Seguro que, sin habértelo contado todavía, ya sientes que la limpieza de la piel es esencial. No es de extrañar, ya que esta parte es la más intuitiva de las tres que conforman los cuidados básicos. ¿Podríamos esperar lucir una piel sana si jamás la limpiáramos adecuadamente o si lo hiciéramos en exceso? ¡Difícilmente!

Una buena rutina de limpieza nocturna retira los restos de cosméticos, sudor, sebo, células muertas, polución, polvo, alérgenos, microorganismos... que se acumulan durante el día en nuestra piel, especialmente en el rostro, que casi siempre está expuesto. Por su parte, una buena limpieza diurna eliminará los mismos tipos de residuos que se acumulan en la piel durante el sueño.

La aportación de Corea del Sur en este paso fue toda una revolución. Los aceites y bálsamos limpiadores y desmaquillantes no eran del todo una novedad cuando se pusieron de moda, pero no cabe duda de que las coreanas dieron el pistoletazo de salida al auge de su uso como primer paso en la rutina de limpieza de dos pasos: la doble limpieza coreana. ¿Quién no la conoce a estas alturas?

Si eres de las rezagadas, te lo contamos. Se trataría de una limpieza que se realiza en dos pasos:

01. Un primer paso basado en un producto que normalmente tendría una base oleosa (aceite, bálsamo, manteca) o contendría una parte oleosa importante en su formulación (bifásico, leche limpiadora, etc.).
02. Un segundo paso con un producto únicamente de base acuosa (gel, espuma, pan dermatológico... y, menos habitualmente, agua micelar). Es importante recordar aquí la importancia de que el limpiador acuoso tenga un pH adecuado; no te recomendamos los jabones demasiado alcalinos.

El principal beneficio de la doble limpieza es que sería lo suficientemente profunda como para retirar impurezas tanto solubles en aceite como solubles en agua, y, a su vez, lo suficientemente gentil con la piel de rostro, ojos y labios como para que no necesitemos frotarla demasiado, incluso si llevamos maquillaje *waterproof*. En MiiN fuimos pioneras en introducir la doble limpieza y sus productos (explora nuestra web para encontrar auténticas joyas). Nosotras usamos esta técnica y podemos prometerte que vimos un antes y un después en nuestra piel. ¿Necesaria para todo el mundo y en todas las ocasiones? ¡No! Pero, sin duda, muy beneficiosa y todo un placer sensorial. ¿Te animas a probarla?

HIDRATACIÓN DE LA PIEL

Como acabamos de ver hace unos párrafos, es bastante frecuente que la piel, sea grasa o seca, presente un aumento de la TEWL. Esta pérdida de agua puede asociarse a una alteración de la barrera cutánea que provoque sensibilidad o no, así como a una carencia o no de lípidos epidérmicos. ¡Vaya problema! Para no ocuparnos mucho, podemos extraer una conclusión simple: aportar hidratación a la piel y reforzar su función barrera para mantenerla sana y evitar una posible sensibilidad será un buen enfoque en casi el cien por ciento de los casos; en el peor de los escenarios, no hará daño.

Como comentábamos, la piel seca se encuentra siempre deshidratada porque carece de lípidos epidérmicos; suele decirse por ello que le falta nutrición. Por su parte, la piel grasa puede y suele estar deshidratada, a pesar de que su gran producción sebácea nos llevara a pensar que siempre mantiene unos niveles correctos de hidratación. Si no sabes si tu piel es seca o simplemente está deshidratada, piensa en lo siguiente: ¿sueles observar los problemas frecuentes de la piel seca de forma habitual? Entonces probablemente sea seca. Si los estás experimentando por primera vez, probablemente tengas la piel deshidratada de forma puntual. La piel puede deshidratarse, por ejemplo, si te sometes a temperaturas frías o muy cálidas, durante un vuelo, etc.

Es muy importante que sepas que todo el mundo puede tener la piel deshidratada. Les ocurre a todas las pieles, incluso a las más grasas. Es habitual que en la piel grasa se tienda a utilizar productos demasiado astringentes que la deshidratan, lo cual provoca un efecto rebote que resulta en una producción sebácea aún mayor. Por tanto, sí, has entendido bien: a la piel grasa también le gusta que le aportes hidratación.

¿Y cómo podemos aportar agua a la piel mediante la cosmética y frenar este círculo vicioso de pérdida de humedad a través del estrato córneo? Mediante la aplicación de productos con sustancias humectantes, emolientes u oclusivas (las veremos más adelante). De este modo, facilitaremos que se mantenga la función barrera en perfectas condiciones y ayudaremos a restaurarla y protegerla.

El método para restablecer el equilibrio en cada tipo de piel no es, paradójicamente, tan distinto. El objetivo es lograr que el estrato córneo permanezca hidratado. Tanto en el caso de la piel grasa como en el de la piel seca, serán importantes los tres tipos de ingredientes, aunque sus proporciones pueden variar. Quizá una piel grasa no precise un gran aporte de lípidos epidérmicos o no soporte ingredientes oclusivos como la manteca de karité y prefiera otros más ligeros como las siliconas. En particular, en el caso de la piel seca cobrará vital importancia el aporte de emoliencia o «aceite» en forma de lípidos epidérmicos (si son similares o idénticos a los que genera la piel de forma natural, mucho mejor).

Cada tipo de piel preferirá que se le aporte estos elementos en una forma cosmética distinta, es decir, mediante productos con diferentes viscosidades (soluciones, geles, cremigeles, emulsiones más o menos densas, etc.). Las pieles grasas suelen preferir viscosidades más bajas que las secas, y viceversa. Es bastante intuitivo: prueba distintas texturas con las que te sientas cómoda hasta dar con la ideal.

Existen otras técnicas alternativas a la cosmética que consiguen aumentar la concentración de agua en el estrato córneo y, por tanto, reducir la TEWL y mejorar el aspecto de la piel. Nos referimos, en concreto, al ámbito de la medicina estética, en el que, por ejemplo, es eficaz la mesoterapia con ácido hialurónico (ten en cuenta que precisa unas pequeñas inyecciones que introducen el producto en la dermis, y cierta tolerancia al dolor). Junto con el ácido hialurónico, también se suelen infiltrar sustancias beneficiosas, como vitaminas. Al depositar el producto en la dermis, este detonará una cascada de procesos, como la captación de humedad y la aceleración de la producción de ácido hialurónico natural, de manera que a nivel superficial se producirá un aumento de los niveles de agua. Este tipo de tratamientos suelen dar resultados satisfactorios, en especial en casos en los que la cosmética no ha mostrado una eficacia suficiente en la persona (por ejemplo, en casos de labios muy secos que ningún bálsamo consigue hidratar). En cualquier caso, siempre debes consultar con tu médico para obtener un asesoramiento individualizado y saber si te irían bien estos tratamientos y tolerarías sus riesgos derivados.

PROTECCIÓN SOLAR (Y CONTRA EL DAÑO OXIDATIVO)

Te lo resumimos: este punto es muchísimo más importante de lo que podrías imaginar. La protección solar es el pilar fundamental de toda rutina de cuidado de la piel; sin protección solar, el uso del resto de los productos no conseguirá, ni de lejos, la eficacia que mostraría en combinación con ella. Seguro que ya has escuchado que debes utilizar protección solar durante todo el año, llueva o nieve, haya sol o nubes en el cielo... No solo es la mejor prevención contra el cáncer de piel, sino que, además, es el mejor tratamiento antienvejecimiento; de no utilizar protección solar, la cruda realidad es que tienes muchas más probabilidades para desarrollar signos de la edad prematuramente. Las asiáticas, más centradas en prevenir el daño desde una edad temprana que en corregirlo (este último enfoque sería más occidental), lo saben: por ello, en Corea del Sur, la variedad de productos de protección solar es enorme y son punteros en su formulación.

¿De qué nos estamos protegiendo exactamente? Pues bien, el sol emite varios tipos de radiación, entre ellos, la radiación ultravioleta (UV) que llega a nuestro planeta. Esta se mide mediante el índice UV, que es la medida de la intensidad de la luz UV en una zona concreta de la Tierra, e indica la capacidad de la radiación UV de producir lesiones en la piel. (Si quieres saber cuál es el índice UV en tu área, con una simple búsqueda en Google obtendrás una predicción por zonas).

La radiación UV se subdivide en varias longitudes de onda. La radiación UVB es la que causa las quemaduras solares y el cáncer de piel; puedes recordarlo por la B de *burning* («quemadura»). Por otro lado, la radiación UVA es la responsable del bronceado, el fotoenvejecimiento y todo lo que conlleva: manchas, arrugas, pérdida de elasticidad... Recuérdalo por la A de *aging* («envejecimiento»).

El bronceado es una reacción de defensa de la piel contra los posibles daños que provoca la radiación UV. Lo causa un proceso llamado melanogénesis, cuyo desencadenante es, precisamente, la radiación UV: al recibir cierta cantidad de radiación, la piel se broncea. Aprenderás más sobre este proceso más adelante, pero de momento quédate con esto.

Por supuesto, la radiación UV también tiene un lado positivo: ayuda a fijar la vitamina D, nos pone de buen humor, etc. Sin embargo, la recomendación general de los dermatólogos es evitar la exposición solar excesiva por su posible riesgo para la salud. Si, además, tienes interés en prevenir el fotoenvejecimiento, ya sabes, protégete del sol.

¿Y cómo deberías protegerte? En primer lugar, necesitarás comprender el etiquetado de los productos de protección solar. El factor de protección solar (SPF) de los productos indica su capacidad de proteger frente a los rayos UVB (por ejemplo, un SPF50 protege más que un SPF10). ¿Y qué hay de la protección frente a los rayos UVA? En algunos países no es obligatorio indicar cuál es el nivel de protección UVA en los envases pero en México sí, aunque la recomendación –que no ley– es que esta sea de al menos un tercio de su índice SPF. Por tanto, un SPF50 tendrá, por lo general, al menos un índice 16.6 (50/3) de protección contra la radiación UVA; esto se incluye así en el empaque de los productos mediante un símbolo:

UVB + UVA

El PA es el formato asiático para indicar la protección frente a los rayos UVA (por ejemplo, PA++++ protege más que PA+ y equivale a una protección UVA mayor de 16.6).

En segundo lugar, sigue estas recomendaciones:

- La cantidad necesaria de producto que debe aplicarse en rostro y cuello para que te proteja con el factor declarado es 2 mg/cm^2, equivalente a la cantidad que cabría dentro de una cucharita de café (o dos dedos colmados de producto), y debe renovarse cada 2-4 horas (dependiendo del producto). Si no aplicas esta cantidad, el producto no te estará protegiendo con el factor de protección que aparece en el envase.
  Es cierto que algunos productos de maquillaje, como las *BB creams* o los *cushions,* contienen protección solar y, aunque ayudan, y los

pigmentos que contienen (óxidos de hierro) tienen acción protectora contra la luz azul (otro tipo de radiación, de especial importancia en algunos casos, como la piel hiperpigmentada), no deberían emplearse como protección solar única, ya que la cantidad que aplicamos para conseguir un bonito efecto no acartonado no es suficiente para que desempeñen la protección necesaria. Si te parece que aplicar la cantidad equivalente a dos dedos de *BB cream* o *cushion* resulta excesiva para obtener el acabado que deseas en la piel, será buena idea que uses otro protector solar antes de aplicarlos.

- La protección solar es fundamental en todos los casos, pero aún será más imprescindible si utilizas ácidos exfoliantes o retinoides (para prevenir rojeces, quemaduras, manchas...), antioxidantes y productos de *skincare* muy potentes (para aprovechar todos sus beneficios).
- Los sombreros o las gorras, los lentes de sol y hasta la sombrilla que utilizas para ir a la playa protegen también de la radiación UV. Puedes utilizarlos como apoyo a un buen producto de protección solar si te vas a exponer al sol durante muchas horas o si el índice UV es alto.

¿Y qué hay del daño que la protección solar no es capaz de prevenir? Aquí entran en juego los antioxidantes (como algunas vitaminas), moléculas que previenen el daño oxidativo causado por los radicales libres. El uso de antioxidantes, junto a una buena protección solar, es la base de toda rutina de cuidado facial; recuerda esto para más adelante.

ALTERACIONES DE LA PIEL SANA

La piel, como cualquier órgano del cuerpo humano, puede presentar alteraciones. Dependiendo de cada caso, estas pueden conllevar un problema de salud, o bien ser parte del proceso natural de la vida... De lo que no nos cabe duda es de que pueden llegar a presentarse desde incomodidad hasta dolor, y desde cambios de color inocuos hasta infecciones. También pueden ser permanentes o temporales. Nos referimos a las alteraciones más importantes y comunes de una piel sana, como son el acné, los puntos negros, las manchas o las líneas de expresión. ¡No te preocupes! Todas tenemos alguna de ellas y son habituales en todo tipo de pieles.

A continuación descubrimos qué implica tener algunas de estas alteraciones, cuáles son las causas y los síntomas, y qué puedes hacer si las experimentas.

ACNÉ Y PUNTOS NEGROS

El acné es una enfermedad de la piel que afecta aproximadamente a un 9.4 por ciento de la población, considerándose el octavo problema de salud más común del mundo. Aunque en el pasado se tendía a restarle importancia, cada vez sabemos más sobre él y somos más conscientes de lo que puede llegar a afectar a nuestra salud mental; de ahí la importancia de que su tratamiento sea prioritario y no algo que podamos «dejar para más tarde» o que «ya se pasará».

Seguramente te sorprenderá descubrir que los puntos negros y el acné tienen muchísimo más en común de lo que en principio cabría pensar, ya que en realidad solo son dos puntos diferentes dentro del mismo proceso, uno con menos complicaciones de salud que el otro. Por tanto, veremos que varios estadios de este proceso pueden abordarse a nivel cosmético siguiendo los mismos razonamientos y los mismos tipos de activos cosméticos, ya que tienen su origen en el mismo mecanismo.

ESTADIOS DEL ACNÉ

¿Recuerdas lo que hemos contado sobre los poros cuando explicábamos la estructura de la piel? Los poros vienen siempre acompañados de un pelo, ya que son la abertura por la que este sale hacia el exterior. Estos y todas las estructuras que acompañan al pelo y al poro forman en conjunto la unidad pilosebácea.

Pues bien, la unidad pilosebácea es el lugar donde se produce el acné, debido a tres factores clave que se combinan en mayor o menor grado para desencadenar su desarrollo:

- Acumulación de células muertas.
- Sobreproducción de sebo.
- Posible infección por parte de la bacteria *Cutibacterium acnes.*

Y estos tres son los que precisamente intentan combatir los diferentes tratamientos para la enfermedad y la cosmética apta para pieles con tendencia acneica.

A continuación te presentamos tanto el estado que consideraríamos «normal» como las diversas lesiones de acné que pueden darse. Ten en cuenta que pueden existir estadios «intermedios», ligeramente diferentes a los descritos y, además, cada uno de ellos puede convivir con otros en una misma persona.

Revisa la siguiente figura mientras vamos repasando cada estadio del acné.

a. En una unidad pilosebácea que funciona de manera normal, la abertura del poro en la superficie de la piel no es especialmente visible desde el exterior. La glándula sebácea produce la cantidad de sebo justa y necesaria para cumplir sus funciones de lubricación y protección. Desde fuera, esta secreción normal podría observarse en forma de filamento sebáceo.

A los dos siguientes estados se los considera acné no inflamatorio, ya que no existe inflamación en la unidad pilosebácea. No se suceden uno tras otro, sino que se dan por separado, alternativamente (presentando una misma persona bien una forma, bien la otra), o combinados.

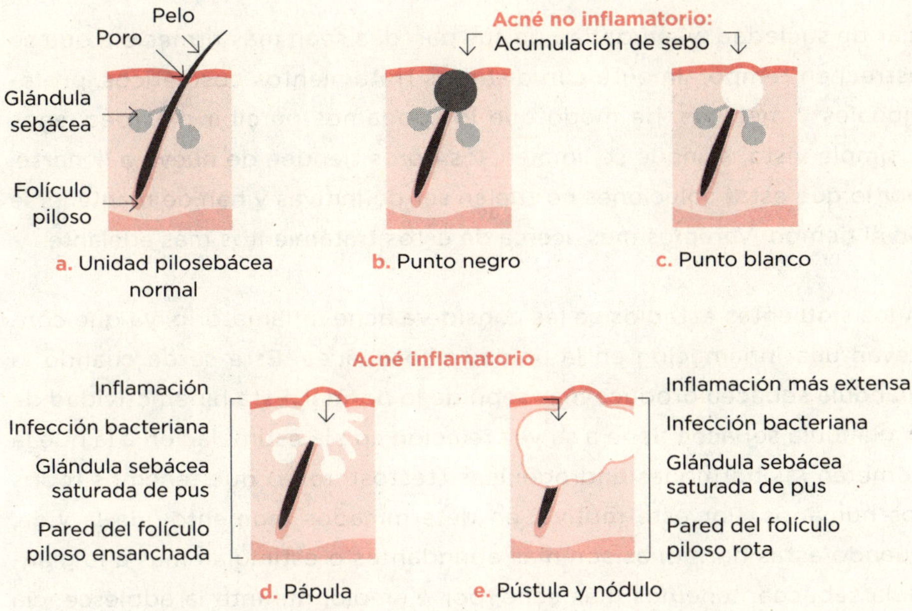

Estadios en el desarrollo del acné.

b. En los puntos negros observamos una acumulación del sebo producido y de células muertas en la abertura del poro, que lo bloquean. Esta mezcla se oxida en contacto con el aire, se oscurece y se endurece, por lo que fuerza las paredes del poro y causa que su abertura sea visualmente más grande. El poro está abierto hacia el exterior y, por ello, a los puntos negros se les llama también «comedones abiertos».

c. En los puntos blancos observamos también una acumulación del sebo producido y de células muertas, pero, a diferencia del caso anterior, la abertura del poro no está abierta hacia el exterior sino recubierta por una capa de células («comedones cerrados»), por lo que este contenido no se oxida ni endurece y permanece de color claro.

El tamaño de los poros es una cuestión genética: no se pueden abrir ni cerrar, aunque hayas visto publicidad que afirma literalmente que un producto pueda «cerrar los poros». En cambio, sí se pueden limpiar, vaciar de suciedad, y ayudar a que sus paredes sean más firmes o a que se estrechen temporalmente con distintos tratamientos cosméticos, profesionales y médicos, de modo que los podamos percibir más pequeños a simple vista. Aunque se limpien, los poros tienden de nuevo a llenarse, por lo que estas soluciones no suelen ser definitivas y han de mantenerse en el tiempo. Veremos más acerca de estos tratamientos más adelante.

A los siguientes estadios se les considera acné inflamatorio, ya que conllevan una inflamación en la unidad pilosebácea. Este se da cuando la glándula sebácea produce más sebo de lo normal. Esta hiperactividad de la glándula sebácea tiene a su vez relación con la estimulación a la que la someten las hormonas androgénicas (testosterona) que tenemos todos los humanos. Por este motivo, en determinados momentos de la vida, cuando estas hormonas son más abundantes o estimulan más a la glándula sebácea, tenemos más acné; por ejemplo, durante la adolescencia o si sufrimos síndrome del ovario poliquístico (SOP). Incluso podemos observar de forma habitual que aparece acné en deportistas que toman andrógenos para aumentar su masa muscular. Por el mismo motivo, algunos tratamientos dermatológicos que abordan el acné lo hacen desde la perspectiva de regular las hormonas, como los anticonceptivos.

d. Tras el bloqueo del poro (estadios b o c), puede formarse una pápula. En las pápulas, al acumularse la sobreproducción de sebo y células muertas, que no pueden salir hacia el exterior, se produce un ensanchamiento de la pared del folículo. Por otro lado, una bacteria llamada *Cutibacterium acnes*, que vive en nuestra piel y cuya población puede crecer de forma oportunista, se alimenta de este contenido y se descontrola su crecimiento, es decir, se produce una infección. Las células del sistema inmunitario intervienen para frenar a la población de *C. acnes*, y es cuando pueden observarse el pus y la inflamación. La inflamación es la causante de que, al desaparecer la lesión, quede una mancha o hiperpigmentación posinflamatoria. Abordaremos esta problemática más adelante.

e. Las pústulas y los nódulos son formas de acné más graves en las que la pared del folículo llega a romperse debido a la infección, y la inflamación se extiende a otras áreas contiguas.

Como ya hemos comentado, el acné siempre está relacionado con la unidad pilosebácea. Donde no existen glándulas sebáceas, pelo ni poros, no habrá acné; piensa en las palmas de las manos. ¿Y por qué, sin embargo, solemos tener acné en determinadas áreas, como la zona T? Seguro que ya te lo imaginas: se debe a que la actividad de las glándulas sebáceas en estas zonas suele ser superior.

ABORDAJE COSMÉTICO DEL ACNÉ

Ya hemos indicado que el acné se considera una enfermedad de la piel. Por ello, no hay que tomárselo a la ligera. Tradicionalmente le hemos restado importancia al acné como enfermedad, diciéndonos frases del tipo «es por la edad» o «es por las hormonas», buscando soluciones en todas partes por nuestra cuenta (incluso en los peores lugares, como los remedios caseros explicados en videos de YouTube), y obviando ir a la consulta de un médico.

Sin embargo, el acné tiene un impacto claro en la salud tanto física como mental. Puede ser simplemente un signo más de otros trastornos que pueden estar ocultos, como el SOP, alteraciones hormonales... Y se ha observado que genera una baja autoestima, depresión, ansiedad y aislamiento social. También el estrés tiene una influencia negativa en nuestra piel y puede causar acné. Si observas que los granitos ya no aparecen de forma aislada, sino que se suceden y se superponen con manchas, si te suponen una incomodidad en el día a día, si son dolorosos, si deseas soluciones definitivas y llegar al fondo del asunto, el mejor consejo que podemos darte desde lo más profundo de nuestros corazones es que no pierdas tiempo ni dinero en probar productos de cosmética que prometan milagros, ni remedios de aquí y de allá que quizá no alcancen para tratar todos los aspectos del problema, y acudas a tu médico, preferentemente al dermatólogo. En el mejor de los casos, aunque el acné solo sea un asunto estético, no cabe duda de que los mejores resultados se dan cuando se trata cuanto antes.

Sin duda, la cosmética puede ser una gran aliada y ser suficiente si el acné no es grave. Pero en los casos más avanzados será un complemento y un alivio, y no supondrá la base del tratamiento, que por el contrario la integrarán probablemente la suma de medicamentos orales, tratamientos médico-estéticos, hábitos de vida, etc.

El acné es una alteración de la piel muy común en todo el mundo. ¡También en Corea del Sur! Aunque en tu imaginario las coreanas aparezcan siempre con una piel cristalina y sin imperfecciones, el acné es una de las mayores preocupaciones de los asiáticos, sobre todo adolescentes, que lidian con las molestias físicas y psicológicas derivadas de esta afección. Obviamente, el país más preocupado por la cosmética y la piel es también el puntero en desarrollar fórmulas que combatan las consecuencias del acné. Corea del Sur fue, posiblemente, uno de los primeros países en hacer que la introducción y el resaltado de los beneficios de ingredientes como el ácido salicílico en los productos cosméticos de gran consumo fuese algo *fancy* y no algo tan de envase blanco de producto de farmacia aburrido. Gracias en parte a estos productos pioneros, hoy en día se han popularizado y democratizado ingredientes como los ácidos exfoliantes (AHA, BHA, PHA...), la mucina de caracol, la niacinamida, etc. Se han convertido en los productos más icónicos y básicos que a todas nos vienen a la cabeza a la hora de lidiar con los granitos y los poros obstruidos.

En la siguiente página encontrarás los diferentes estadios del acné que hemos descrito junto a los activos cosméticos que te recomendamos para cada uno de ellos. Los mismos activos te servirán también para acné corporal, aunque quizá para este prefieras formatos fácilmente aplicables como los espráis. Recuerda seguir una buena rutina de cuidado facial (y corporal) que tenga sentido por completo: puedes tomar las que presentamos en el capítulo cuatro como base. También te indicamos para qué estadios y en qué situaciones sería adecuado que abordaras tu tratamiento con un dermatólogo.

<table>
<tr><th colspan="5">ESTADIOS DEL ACNÉ Y SUS POSIBLES ABORDAJES COSMÉTICOS</th></tr>
<tr><th>ESTADIO O LESIÓN</th><th>GLÁNDULA SEBÁCEA</th><th>CONTENIDO</th><th>CÓMO SE OBSERVA EL PORO</th><th>INFECCIÓN E INFLAMACIÓN</th></tr>
<tr><td rowspan="2">UNIDAD PILOSEBÁCEA NORMAL
(A)</td><td>Normal</td><td>No visible o con filamento sebáceo</td><td>Abierto y apenas visible</td><td>No</td></tr>
<tr><td colspan="4">**¿Qué tratamiento utilizar?:** No es necesario. Si los filamentos sebáceos te molestan visualmente, puede seguirse el mismo tratamiento que en los puntos negros, de forma más puntual, es decir, espaciando las aplicaciones en el tiempo.</td></tr>
<tr><td>PUNTO NEGRO
(B)</td><td rowspan="2">Producción de normal a ligeramente aumentada</td><td>Células muertas. Sebo en exceso y oxidado</td><td>Abierto y oscuro. Alternativamente, puede estar abultado y tener una abertura poco visible</td><td>No</td></tr>
<tr><td rowspan="2">PUNTO BLANCO
(C)</td><td>Células muertas. Sebo en exceso</td><td>Cerrado. Blanco</td><td>No</td></tr>
<tr><td colspan="4">**¿Qué tratamiento utilizar?** Si son pocos o localizados, puedes usar BHA, AHA, PHA, niacinamida, retinoides... * Puedes realizarte higienes faciales profesionales (ej. Hydrafacial) que te ayuden a mantenerlos. Si son muchos o conviven con los estadios d o e, precisarán atención dermatológica.</td></tr>
<tr><td rowspan="2">PÁPULA
(D)</td><td>Producción aumentada. Bloqueada y agrandada</td><td>Células muertas. Sebo en exceso. Pus (+)</td><td>Cerrado. Abultado</td><td>Sí, doloroso (+)</td></tr>
<tr><td colspan="4">**¿Qué tratamiento utilizar?** Mismo tratamiento que en los estadios b y c. Los parches para granitos y los tratamientos SOS te serán muy beneficiosos. Si las lesiones son muy aisladas, podría bastar con lo anterior; si no, precisarán atención dermatológica.</td></tr>
<tr><td rowspan="2">PÚSTULA Y NÓDULO
(E)</td><td>Producción aumentada. Con sus paredes rompiéndose (5) o rotas (6)</td><td>Células muertas. Sebo en exceso. Pus (++) que invade el folículo y otras áreas</td><td>Cerrado. Abultado</td><td>Sí, doloroso (+)</td></tr>
<tr><td colspan="4">**¿Qué tratamiento utilizar?** Mismo tratamiento que en los estadios b, c y d, pero casi obligatoriamente precisarán consejo dermatológico si se desean soluciones definitivas.</td></tr>
</table>

*¡Tranquila! Aprenderás más sobre todos estos ingredientes en el siguiente capítulo.

CONSEJOS PARA EL TRATAMIENTO DEL ACNÉ

Puedes adoptar varias estrategias que, junto con tu rutina cosmética o tu tratamiento médico pautado, te ayudarán a conseguir los resultados que deseas. ¡Te explicamos algunas!

- **¡EL ACNÉ NO ES UN TEMA DE FALTA DE HIGIENE!** Limpiar la piel en exceso no mejorará el estado de esta, sino que, al contrario, puede agravarlo.
- **NO TE RECOMENDAMOS, EN GENERAL, LOS EXFOLIANTES CON PARTÍCULAS,** ya que esta exfoliación física puede causar microrroturas en la piel, y la presión que ejerzas al aplicarlos puede empeorar la inflamación. Opta en su lugar por una exfoliación química con ácidos o una exfoliación enzimática.
- **PROCURA QUE LOS TEJIDOS Y LAS SUPERFICIES CON BACTERIAS, SUDOR O SUCIEDAD PASEN EL MÍNIMO TIEMPO EN CONTACTO CON TU PIEL.** Para secarte el rostro puedes usar toallitas desechables en lugar de una toalla o cambiar la toalla con mucha frecuencia. Tras realizar ejercicio, desecha la ropa lo antes posible. Desinfecta la pantalla del teléfono, ya que ¡acumula mucha suciedad que entra en contacto con tus manos y tu cutis!
- **LO MISMO PARA TU FUNDA DE ALMOHADA:** cámbiala cada dos noches, ya que las bacterias, el sebo y las células muertas se acumulan en ella.
- **EVITA QUE EL CABELLO TENGA CONTACTO CON TU ROSTRO,** recogiéndotelo y eligiendo cortes de pelo sin flequillo. Si tu acné está en la espalda o en el pecho, aclárate bien la piel en esta zona tras usar mascarillas de pelo.
- **EVITA TOCAR EL ROSTRO SIN LAS MANOS PERFECTAMENTE LIMPIAS.** Un gel hidroalcohólico te puede ser de mucha ayuda si estás *on-the-go*.
- **LIMPIA BIEN Y CON FRECUENCIA TUS BROCHAS Y ESPONJAS DE MAQUILLAJE.** En esta ocasión, un jabón clásico con pH alto sí es una buena elección para lavar estos accesorios, pero no para lavar tu piel.
- **QUEDAN TERMINANTEMENTE PROHIBIDOS LOS REMEDIOS CASEROS:** pasta de dientes, jugo de limón, mascarillas con huevo...

- **SIGUE UNA ALIMENTACIÓN EQUILIBRADA.** Aunque el chocolate no es causante directo del acné, podría existir una relación con las dietas ricas en azúcares simples y grasas. También se está estudiando si los lácteos podrían estar conectados con el proceso de alguna manera.
- **ESTO SE APLICA PARA TODO, PERO YA SABES:** el estrés nos enferma. Trata de gestionarlo limitando los estresores y bloqueando al menos parte de tu tiempo libre para realizar actividades que te hagan feliz (es más fácil decirlo que hacerlo, ¿verdad?).

EXPRIMIR LAS LESIONES: ¿SÍ O NO?

Un grano es casi una invitación a exprimirlo. Seguro que has escuchado miles de veces que no es bueno hacerlo. Como hemos visto, la hiperactividad de las glándulas sebáceas puede hacer que en unas pocas horas aflore un grano en nuestra piel, a veces de grandes dimensiones. Exprimirlo es tentador, pero no deberíamos. Lo más probable es que, tras la desaparición del granito, aparezca una mancha o marca, mucho más difícil de eliminar que el granito original.

Para no sucumbir a la tentación, te recomendamos utilizar productos SOS: cosméticos que actúan prácticamente de forma inmediata en situaciones de emergencia, como la aparición de un granito. Tienen un efecto físico: se aplican de manera localizada sobre granitos y ayudan a que desaparezcan más rápido y no dejen marca. También tienen un efecto psicológico: aplicarlos evita la tentación de tocar las lesiones. En el mundo de la cosmética coreana encontrarás distintos tipos de productos de emergencia, como los *sticks*, las cremas localizadas para granitos o los famosos *pimple patches*, pequeños parches redondos normalmente incoloros que se pegan justo encima del granito y ayudan a que se desvanezca más rápido, a aislar la piel y a protegerla para su rápida regeneración, e incluso permiten que puedas maquillar sobre ellos si quieres disimular el enrojecimiento. Algunos de los productos SOS más famosos son los Pimple Patches de Cosrx (los parches para granitos por excelencia), la Ultimate Spot Cream de Cosrx (una crema de acción localizada que ayuda a desinflamar el granito) y el 21 A-Thera Peeling Stick de Dr. Oracle (un hisopo impregnado de una fórmula con ácidos AHA y BHA que ayudan a disminuir la inflamación del granito en tiempo récord).

Si no eres capaz de resistir la tentación, deberías, por lo menos, tomar algunas medidas de seguridad: lavarte a conciencia las manos y los dedos, tener las uñas bien cortas y desinfectar correctamente la zona del grano. De este modo, reducirás el riesgo de añadir más bacterias a la piel y evitarás que empeore la infección en el grano. Con las uñas muy largas podrías causar microlesiones en la piel y favorecer la entrada de gérmenes.

MASKNE

Empiezas a observar un cambio molesto en la zona de la piel que suele estar cubierta por el cubrebocas protector (mentón, mandíbula, mejillas y nariz). Si nunca tuviste imperfecciones, de repente percibes tus poros más obstruidos, o te sorprende alguna espinilla esporádica. Si tenías tu piel grasa y tu acné más o menos controlados, ahora tus brotes son más frecuentes o han empeorado. Cuando un granito desaparece, deja una marca o mancha, y acto seguido aparece otro nuevo. ¿Te suena? Créenos, te entendemos: está siendo bastante común. Tan habitual que incluso se le dio un nombre «oficial» a este fenómeno en 2019: *maskne* (*mask + acne*, en inglés).

Por otro lado, ¿recuerdas a *Cutibacterium acnes* de apartados anteriores? Precisamente debido al uso de cubrebocas se altera el equilibrio en su población y se favorece su crecimiento excesivo. En consecuencia, se infecta el folículo piloso, ya que nuestra respiración genera un ambiente húmedo y cálido, que se mantiene en el tiempo y en el que la bacteria encuentra un medio perfecto. A este cóctel añádele la acumulación de suciedad en los cubrebocas, el uso de cosméticos inadecuados, la barrera de la piel alterada por el roce del propio cubrebocas... Todos estos factores, acompañados de una producción excesiva de sebo, son el caldo de cultivo perfecto para la aparición y el desarrollo de lesiones de acné de todo tipo.

Si las cosas se están descontrolando, no lo dudes y acude a tu dermatólogo, el verdadero especialista en enfermedades de la piel.

Algunas pautas que pueden ayudarte con el *maskne* son, entre otras, realizar una limpieza o recambio frecuente del cubrebocas, sumadas a los tratamientos y trucos que te explicábamos anteriormente para el acné en general.

MILIA

Tienen un aspecto parecido al de los puntos blancos, pero son más firmes al tacto y aparecen con frecuencia en las zonas del contorno de ojos, las mejillas o la boca. Es imposible exprimirlos con las manos. ¿Se te hace conocido? Se trata de los llamados quistes de *milium* (en plural, *milia*), pero ¡que no te asuste su nombre! No implican que exista ninguna enfermedad grave y son más frecuentes de lo que imaginas.

Se trata de esferas de alrededor de un milímetro formadas por queratina, que, como explicábamos anteriormente, es una proteína. Al contrario que el sebo, que contiene un punto blanco, la queratina es firme y por ello los *milia* tienen una estructura endurecida.

A diferencia de los puntos negros o blancos, los *milia* no disponen de una salida natural como es el poro y por ello no «estallan» al ejercer presión a su alrededor. De hecho, no es buena idea intentarlo, ya que probablemente solo conseguiremos frustrarnos al no conseguirlo y dañarnos la piel.

¿Sus causas? Pueden ser fruto de una tendencia genética natural, de una exposición solar en exceso que engrosa el estrato córneo, de la aplicación de cosméticos inadecuados para nuestro tipo de piel... Las pieles grasas tienen mayor predisposición a desarrollar *milia*. Como curiosidad, muchos bebés nacen con *milia*, lo que habitualmente se resuelve de forma espontánea a los pocos meses de vida.

Aunque ya sabes que los quistes de *milium* no son acné, puedes prevenir su aparición utilizando activos cosméticos en tu rutina que, curiosamente, también se emplean como coadyuvantes en el tratamiento del acné: ácidos exfoliantes AHA, BHA y PHA, *peelings* enzimáticos y retinoides que estimulen la renovación del estrato córneo y, por ello, dificulten la acumulación de células muertas. La protección solar, como siempre, será obligatoria.

Para eliminar quistes de *milium* que ya hayan aparecido, te recomendamos que visites a tu dermatólogo, que dispone de las herramientas para extraerlos de manera segura.

MANCHAS

Te miras casualmente en el espejo... y descubres una mancha en la piel que hasta ahora había pasado inadvertida. Lo dejas pasar, pero tras el verano, parece que la mancha no solo no ha mejorado, sino que ha empeorado. ¿Te identificas? ¡Sigue leyendo!

Indoloras, pero estéticamente molestas e importantes para el diagnóstico de algunas enfermedades: así son las manchas en la piel.

La pigmentación (o color) de la piel se debe a los melanocitos, unas células especializadas que se encuentran en la epidermis, la capa más externa de la piel. En concreto, se encuentran en el estrato basal, que es la capa más profunda dentro de la epidermis y la que da lugar a los queratinocitos, las células que migran hacia el exterior y que nos sirven de aislante del ambiente en el estrato córneo.

Los melanocitos se llaman así porque producen el pigmento melanina en un proceso llamado «melanogénesis». La melanina se encarga de proteger la piel frente a los rayos UV y nos aporta nuestro color de piel; también es la encargada de proporcionarle color a nuestro cabello y a nuestros ojos. El número de melanocitos cambia entre regiones anatómicas, ya que hay lugares del cuerpo con mayor concentración de estas células, así como entre personas de diferentes etnias. La melanina se transfiere a los queratinocitos «vecinos» al melanocito, que quedan pigmentados: a mayor cantidad de melanina transferida «en paquetes» (melanosomas), mayor pigmentación; por tanto, esta cantidad determinará el tono de piel.

La melanogénesis tiene un nivel basal que puede verse sobreestimulado por diversos factores, ya sean hormonales, genéticos, de inflamación, etc. Sin embargo, el principal es la radiación UV procedente de la exposición solar: al incidir la radiación sobre la piel, esta intenta protegerse formando melanina, cuya coloración oscura es capaz de absorber los rayos y bloquear el daño que estos producen en el ADN de las células de capas más profundas, y este es el motivo por el que nos bronceamos cuando pasamos tiempo al sol sin protección. Es un proceso que tiene lugar con retraso, es decir, después de que cierta cantidad de radiación lo haya estimulado, con el fin de proteger la piel de un daño mayor; por tanto, podemos afirmar que cualquier bronceado implica cierto daño sobre la piel, inclusive el de las cabinas de bronceado.

¡Buf! Eso ha sido denso... Pero es crucial que conozcas este proceso para poder entender el fundamento que hay detrás de las manchas en la piel.

En cuanto al tratamiento de las manchas, estamos seguras de que alguna vez has visto que un producto de belleza coreano tiene el *claim* de ser *whitening*. Este término ha sido objeto de debate muchas veces por la naturaleza de su significado. Poco tiene que ver con «blanquear» el rostro. Los productos *whitening* son aquellos cuyas funciones principales son despigmentar y prevenir la formación de nuevas manchas. Actúan en los distintos pasos de la cascada de reacciones que producen y asientan la melanina en la piel. Por eso es tan importante que, si utilizas productos *whitening*, los acompañes de una buena protección solar (preferiblemente con SPF50+ y UVA alto), sin la cual el uso de estos productos *whitening* carecerá de sentido, ya que estarías intentando corregir la consecuencia sin prevenir la causa.

Si eres fan de la cosmética asiática, seguro que te has dado cuenta: el concepto de cosmética *whitening* se repite constantemente. Y a día de hoy, la preferencia por la piel blanca se refuerza a través de los medios coreanos: televisiones, revistas y anuncios publicitarios. ¿Puedes imaginarte por qué? Tendríamos que remontarnos al pasado, mucho antes de que existieran los primeros productos de belleza que hoy se comercializan. Aunque son muchos los agentes que luchan por normalizar la piel oscura, en Asia sigue asociándose al trabajo en el campo y, por lo tanto, a la pobreza rural. La piel pálida se asocia a vivir una vida más cómoda y cosmopolita lejos del sol y con un nivel socioeconómico más alto.

Los productos *whitening* pueden estar indicados para personas con distintos tipos de pigmentación desigual. Anota los ingredientes que habrás de buscar en productos *whitening*: arbutina, niacinamida, vitamina C pura, AHA, BHA, PHA, ácido kójico, retinoides, ácido tranexámico...

Se han escrito ríos de tinta acerca de las manchas en la piel. En el universo de las pigmentaciones cutáneas existen muchísimos tipos, y tanto su enfoque terapéutico como su éxito dependerán radicalmente de su correcta identificación, que será crucial. No seguiremos en absoluto las mismas pautas al tratar de mejorar el aspecto de la hiperpigmentación posinflamatoria, del lentigo solar o del melasma. (Se han descrito otras muchas categorías, aunque menos comunes, como vitíligo, nevus, etc.)

El tratamiento profesional de las manchas es el terreno de acción de los especialistas en la salud de la piel: los dermatólogos. Te recordamos que ante cualquier tipo de mancha o alteración en la piel que aparezca, estos especialistas serán los referentes a los que acudir a la mayor brevedad posible. No es solo una cuestión estética. Hay que consultar lo antes posible con un médico las variaciones en la piel porque podrían estar hablándonos de algún tipo de enfermedad subyacente que se esté manifestando a través de la piel.

¿Y cómo podrías saber qué tipo de manchas muestra tu piel? Aunque, como te indicamos, su diagnóstico siempre está en el campo de la dermatología, sí podrás orientarte y empezar a tomar medidas con las descripciones que verás más abajo. Además, aprenderás qué productos de cosmética coreana pueden ayudarte a resolverlas o acompañarte en el proceso sin empeorarlas.

HIPERPIGMENTACIÓN POSINFLAMATORIA

Como su nombre indica, son las manchas oscuras en la piel que se producen como consecuencia de un proceso inflamatorio; un ejemplo son las manchas que dejan tras de sí las lesiones de acné (granitos) al desaparecer. Otros de los procesos inflamatorios que causan hiperpigmentación posinflamatoria (HPPI) son la psoriasis, el eczema, la dermatitis, las reacciones fotoalérgicas o fototóxicas y los traumas (tras una herida, una cirugía, etc.). La HPPI imita la forma y la extensión de la lesión y tiene un tono que puede variar entre café, rojizo o grisáceo. Puede darse indistintamente en hombres y mujeres, y afecta tanto al rostro como al cuerpo, en especial, a las zonas expuestas a la radiación UV. Es muy frecuente en los tonos más oscuros de piel.

Las causas de la inflamación pueden ser diversas, como hemos visto, pero una de las más comunes por las que se consulta la HPPI es el acné. Durante la inflamación en la epidermis se liberan sustancias que estimulan la producción de melanina y causan la pigmentación de la piel. Aunque esta pigmentación suele ser temporal, puede tardar entre semanas y años en resolverse, dependiendo tanto de la causa de la inflamación como de su cuidado y del fototipo de la persona.

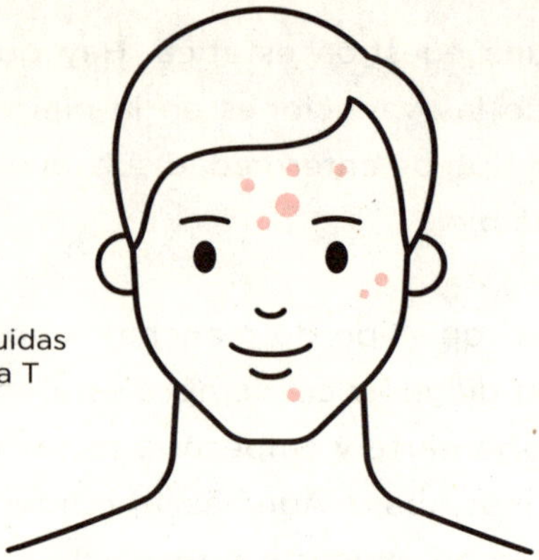

Localización habitual de la hiperpigmentación posinflamatoria.

En este caso, la exposición solar no es la causa de estas manchas, pero puede empeorarlas, oscureciéndolas y expandiendo el intervalo de tiempo que tardarán en desvanecerse. Existe la verdad a medias de que «el sol mejora el acné»: si bien es cierto que puede tener un efecto antiinflamatorio de forma momentánea, también agrava las marcas oscuras, como acabamos de ver.

Por tanto, la prevención será clave. Si tienes acné activo, protégete del sol con un factor SPF50 a diario que te sea confortable, para que las posibles manchas posinflamación dejen el mínimo rastro posible, y sigue una rutina sencilla y adecuada que intente evitar el desarrollo de futuras imperfecciones. También puedes usar productos SOS, que te ayudarán a resolver la inflamación más rápidamente. Sigue estas pautas generales:

- En cuanto a la limpieza, es importante que los productos tengan un pH equilibrado, sean respetuosos con tu piel y no la dejen tirante. Huye de los jabones clásicos.
- Emplea un tratamiento antiimperfecciones que evite el desarrollo de futuras lesiones de acné. El BHA (ácido salicílico) que contiene el limpiador en gel de Meisani o en formato sólido Charcoal &

Willow Purifying Cleansing Bar de Ondo Beauty 36.5, por ejemplo, te ayudará a exfoliar suavemente y a limpiar los poros.

- Hidrata la piel con un tónico/esencia, sérum o crema, según tu textura preferida o tus necesidades de hidratación. Es ideal si contiene ingredientes que ayuden a calmar y a regenerar la piel.
- Protégete del sol. Siempre.
- Algunos tratamientos puntuales que podrías utilizar son:
  Ondo Beauty: Pink Clay & Rose Pore Cleansing Mask. Contiene ácidos PHA y BHA, así como arcillas que te ayudarán a exfoliar suavemente y limpiar la piel. Huye de exfoliantes mecánicos (con partículas), que no contribuirán a mejorar la inflamación.
  Master Patch Original Fit de COSRX. Te facilitará la vida, ya que aísla y protege la lesión, favoreciendo su regeneración más rápida y, lo más importante, ¡evitando que la manosees! Ni se te ocurra intentar exprimir el granito manualmente, ya que podrías empeorar la inflamación y, en consecuencia, la HPPI.

MELASMA

El melasma se muestra en la piel en forma de manchas que aparecen con más frecuencia en el centro del rostro de mujeres en torno a los 30-40 años, en especial en frente, mejillas, zona superior del labio y nariz, y de manera simétrica. Son manchas que suelen oscurecerse en verano y mejorar en invierno, y adoptan distintos tonos de café.

Se considera una enfermedad de la piel, ya que la actividad y el tamaño de los melanocitos se ven alterados y suele existir una barrera cutánea desequilibrada, además de otras características fisiológicas. El ambiente hormonal tiene un papel protagonista en el melasma y, aunque las causas y los mecanismos de este no están aún del todo claros, se postula que factores como la genética (fíjate si tus familiares directos lo muestran), el uso de ciertos anticonceptivos y otros medicamentos, la polución e incluso el uso de cosmética inadecuada influyen en su aparición. Al melasma que aparece en el embarazo debido al ambiente hormonal se le llama cloasma o «paño del embarazo».

El melasma puede ser epidérmico (cuando las células pigmentadas se sitúan cerca del estrato basal de la epidermis), dérmico (cuando se sitúan en la parte superficial de la dermis) o mixto (cuando se sitúan en ambas zonas). En el melasma epidérmico, las manchas serán más sencillas de atenuar debido al ciclo de renovación de la piel. En cualquier caso, la identificación del tipo de melasma será fundamental para su tratamiento y se podrá realizar en la consulta dermatológica.

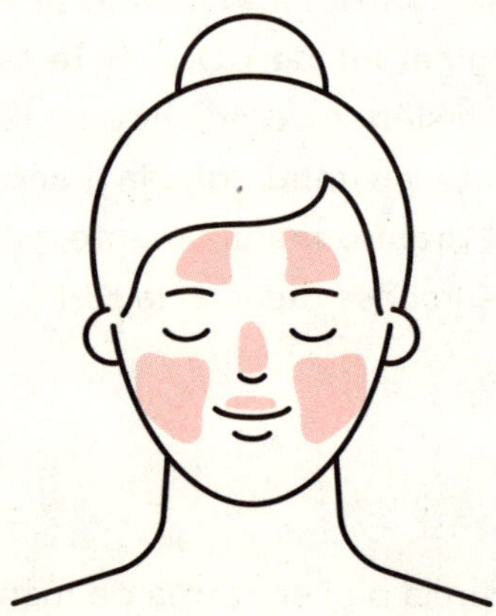

Localización habitual del melasma.

De nuevo, la prevención es muy importante, dado que cualquier tratamiento que sigamos se verá anulado si la exposición solar sigue en curso. La protección solar constante será prioritaria en estos casos. De nada sirve invertir en tratar las manchas en invierno e irnos a la playa o a la alberca a broncearnos sin protección en verano; incluso podría empeorar.

En general, los resultados más exitosos siempre se consiguen mediante una combinación de tratamientos pautados en la consulta dermatológica fuera de la época de verano (despigmentantes tópicos profesionales o de uso doméstico, como los de hidroquinona y retinoides, otros medicamentos orales o tópicos, etc.) y el apoyo de una rutina cosmética adecuada durante todo el año, además de una firme determinación para evitar al máximo la exposición solar sin protección (no solo usando cosmética con protección solar, sino otras estrategias como los sombreros, las sombrillas y la ropa con factor de protección UPF).

Sigue estas pautas generales:

- En cuanto a la limpieza, buscaremos que cumpla los mismos puntos que en el caso de la HPPI y que sea lo más suave posible.
- Utiliza un antioxidante durante el día, como Glow Drops Vitamin C Serum de Meisani, con un 10 por ciento de vitamina C pura para prevenir el daño oxidativo causado por el sol y la polución, entre otros.
- En la rutina de noche aplica un tratamiento despigmentante. Usa preferentemente el que te recomiende tu dermatólogo. Si por cualquier motivo no has considerado visitarlo y prefieres intentar mejorar el tono con cosmética, incluso en verano, prueba con algunos activos conocidos por su actividad que previene y mejora el desarrollo de manchas, como el ácido tranexámico, la niacinamida, la arbutina, el ácido kójico, el ácido azelaico...
- Acompaña la rutina de una hidratante que refuerce tu función barrera. Busca preferentemente productos con porcentajes muy bajos de perfume o sin perfume, como ambas texturas en gel o crema de Meisani.
- La protección solar será esencial. Puedes usar I'm Pure Perfect Cica de Suntique si te gustan texturas más fluidas, o I'm Medi de Suntique si prefieres un protector solar que contenga únicamente óxido de zinc. En tu caso, ¡aplícate protección solar incluso en el interior de casa! Las ventanas dejan pasar la radiación UVA que causa pigmentación. Usa I'm Derma de Suntique en formato *stick* para reaplicar la protección durante el día, que además cuenta con extracto de regaliz.[1] ¡Sé muy constante! Este paso es el más importante.

1 En la página 231, podrás aprender más sobre el extracto de regaliz, uno de los ingredientes más interesantes de la cosmética actual.

LENTIGOS SOLARES

Los lentigos solares (también llamados «manchas de la edad» o «manchas solares») son manchas de color café claro con un contorno bien delimitado. Suelen ser pequeñas y estar situadas en zonas donde la exposición solar es constante, como el rostro, la espalda, el escote, los brazos o las manos. Son frecuentes en personas de piel clara que han abusado del sol en un determinado momento de su vida o que han acumulado un daño solar que ha empezado a ser más visible a determinada edad. Es decir, los lentigos, junto con las arrugas y otros signos, son una clara manifestación del fotoenvejecimiento de la piel.

Localización habitual del lentigo solar.

Las pieles con «pecas» que aparecen en verano a causa del sol —y que tan bonitas nos parecen— son vulnerables al daño solar. Estas podrían transformarse en lentigos solares en el futuro, por lo que hay que prestarles especial atención.

En la piel con lentigo solar, el tamaño de los melanocitos y su contenido en melanina es sensiblemente superior al de la piel circundante; por lo tanto, desde fuera se observan estas zonas más pigmentadas. La radiación solar acumulada es la principal causante de estos cambios fisiológicos.

Una vez más, la prevención será clave. La aparición de lentigos solares es la antesala a otros signos del fotoenvejecimiento. Es decir, es un aviso que idealmente nos servirá para ponernos manos a la obra y comenzar a proteger la piel contra posibles futuros daños.

Una rutina facial sencilla con cosmética coreana que pueda acompañar al tratamiento médico del lentigo solar comprendería los mismos productos que los descritos en la rutina de melasma, aunque con algunas particularidades:

- Exfoliante químico. Un par de veces por semana puedes incluir un exfoliante químico que ayude a que las células del estrato córneo se desprendan con mayor rapidez y, por tanto, a que la hiperpigmentación desaparezca más rápido. Un producto con una concentración de ácidos intermedia es el AHA 7 Whitehead Power Liquid de Cosrx.
- Contorno de ojos. Si el lentigo solar se encuentra alrededor del contorno de ojos, puedes probar a extender Niacinamide & Green Tea Eye Serum de Ondo sobre el lentigo; con su 5.0 por ciento de niacinamida ayudará a mejorar el tono de piel irregular.

ENVEJECIMIENTO

¿Qué es lo que le pasa exactamente a nuestra piel a medida que pasan los años? Probablemente, lo primero que te venga a la mente es que «salen arrugas». ¡Y es cierto! Pero ¿a qué se debe la aparición de las arrugas? ¿Qué otros aspectos se modifican en nuestra epidermis mientras vamos cumpliendo años? Entender los cambios en nuestra piel nos ayudará a ser más conscientes y realistas sobre lo que podemos esperar o no de la cosmética. Fuera expectativas: es imposible retrasar el paso de los años en nuestra piel, pero sí podemos evitar, disminuir o retrasar algunas de sus consecuencias más visibles.

El envejecimiento de la piel es un proceso continuo en el que progresivamente se van produciendo cambios en la forma y la función de la piel. Algunos de los efectos derivados del envejecimiento de la piel son la formación de arrugas, la laxitud (falta de firmeza) y las modificaciones en la pigmentación (manchas en la piel).

Distinguimos entre dos tipos de envejecimiento: el cronoenvejecimiento y el fotoenvejecimiento. El primero, también llamado «envejecimiento cronológico», es aquel que se debe al paso del tiempo y cuyos efectos comienzan a ser visibles aproximadamente a partir de los 25-30 años. El fotoenvejecimiento, por su parte, se debe a la incidencia de los rayos solares sobre nuestra piel y es capaz de agravar profundamente los signos del cronoenvejecimiento. La piel de las áreas más fotoexpuestas muestra siempre los rasgos más intensos de envejecimiento, como las alteraciones de la pigmentación y las arrugas.

Por ejemplo, la piel de una persona de 35 años debería mostrar un aspecto propio de esa edad debido al cronoenvejecimiento. Sin embargo, si su piel se ha sometido a una exposición solar excesiva, es posible que muestre un aspecto más envejecido que el que es propio de alguien de 35 años. Se han realizado experimentos muy interesantes entre gemelos idénticos, en los que se han podido observar los efectos del sol y de los hábitos que aceleran el envejecimiento, como puede ser fumar.

El cronoenvejecimiento es, en cierto modo, inevitable, ya que el paso del tiempo también lo es. Esto tiene ciertos matices, pues existen técnicas de medicina y cirugía estética que lo combaten, como la aplicación de toxina botulínica, es decir, el popular bótox.

En cambio, podemos prevenir de una forma muy sencilla y eficaz el fotoenvejecimiento mediante estrategias que bloqueen o atenúen los efectos del sol en nuestra piel, como el uso continuado de productos de protección solar y antioxidantes, y también el bloqueo físico de los rayos del sol mediante sombreros, lentes de sol, etc. Lo mejor de todo esto es que puedes prevenir gran parte del fotoenvejecimiento con el uso de cosmética. Tengas la edad que tengas, si quieres prevenir el fotoenvejecimiento, ¡comienza a protegerte del sol desde este mismo momento!

Y ahora presta atención. A continuación se describen los cambios que se dan en la epidermis y en la dermis con el envejecimiento.

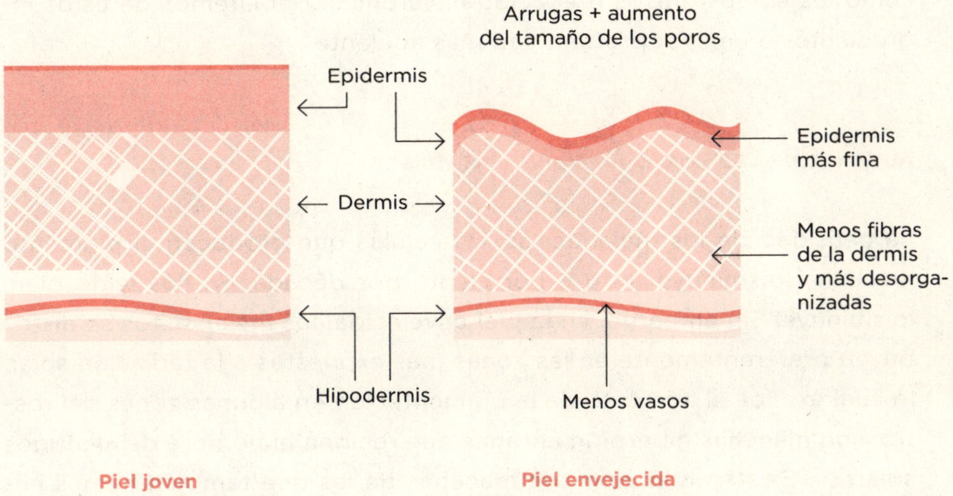

AFINAMIENTO DE LA EPIDERMIS

La capa epidérmica se afina con respecto a la de la piel joven, y se aplana la unión entre esta capa y la dermis, la unión dermoepidérmica (la siguiente capa en orden de profundidad), lo cual aumenta la fragilidad de la piel y reduce la transferencia de nutrientes entre ambas capas (es decir, la capa más superficial recibe menos nutrientes). Además, se enlentece el ciclo de renovación de la epidermis: ya no es de 28 días, sino que tarda más, hasta el doble o el triple de tiempo. Todo ello hace que el proceso de descamación natural de la piel sea menos efectivo y que la cicatrización de heridas sea más lenta.

¿Cómo podemos contrarrestar estos efectos? Por un lado, mediante el uso de *peelings* químicos, como los que contienen AHA o PHA. Estos ayudan a que se desprendan las células muertas del estrato córneo, lo cual favorece que el ciclo de recambio de las células cutáneas se reactive y, en definitiva, se logra una piel renovada y más luminosa. Por otro lado, puedes nutrir la epidermis e hidratarla con ingredientes beneficiosos, como los ácidos grasos o el ácido hialurónico. Hablaremos de estos ingredientes en mayor profundidad más adelante.

AUMENTO DE LAS ZONAS HIPERPIGMENTADAS

La densidad de los melanocitos, las células que producen el pigmento melanina, disminuye un 6-8 por ciento por década. Sí, has leído bien, ¡disminuye! Sin embargo, en la piel envejecida, los melanocitos se distribuyen preferentemente en las zonas más expuestas a la radiación solar, lo cual explica el aumento de la pigmentación en algunas zonas del rostro; son manchas hiperpigmentadas que reciben el nombre de «lentigos solares». Existen más tipos de manchas de las que también hemos hablado, como el melasma, que se deben a patologías subyacentes y que precisarían un tratamiento dermatológico.

Como ya hemos visto anteriormente, si has notado que con el paso del tiempo te han salido más manchitas y quieres evitarlas, hay diversas estrategias que puedes adoptar a nivel cosmético. No olvides protegerte del sol con un producto adecuado. Este será tu principal tratamiento *antiaging* y el que evitará en mayor medida que esas manchitas vayan a más. Protegerte del sol no solo tiene la función estética de prevenir el desarrollo de las manchitas, sino que, además, tiene un rol primordial en la prevención del melanoma (cáncer cutáneo).

AUMENTO DEL TAMAÑO DE LOS POROS

La producción de sebo disminuye con la edad: alrededor de un 23 por ciento por década en los hombres y de un 32 por ciento por década en las mujeres. Sin embargo, el tamaño de las glándulas sebáceas aumenta, y esto, junto con la laxitud de la piel producida por el descenso en la producción de fibras de la dermis (véase el punto siguiente), puede causar que los poros se vean más grandes a medida que envejecemos.

No podemos evitar el paso del tiempo. Sin embargo, sí puedes ayudar a que los poros estén más limpios (y, por tanto, se vean más pequeños) mediante el uso de ácidos BHA, por ejemplo.

DESCENSO EN LA PRODUCCIÓN DE FIBRAS DE LA DERMIS

Como explicábamos anteriormente en este mismo capítulo, la dermis contiene fibroblastos y fibras dérmicas como el colágeno y la elastina, que son responsables de la firmeza y la elasticidad de la piel. Con la edad desciende el número de fibroblastos en la piel y, en consecuencia, la producción de fibras dérmicas.

En general, los cosméticos no suelen tener la capacidad de penetrar hasta la dermis (lo exponemos en profundidad más adelante) y, por tanto, es difícil reemplazar el colágeno perdido mediante la aplicación de productos de forma tópica. Aún existe controversia sobre si los suplementos de colágeno tomados en forma de comprimidos o batidos tendrían un impacto directo sobre la dermis o si bien, como toda proteína que ingerimos, se rompería en sus partes más pequeñas y se distribuiría de manera equitativa hacia las zonas del organismo que necesiten colágeno, en vez de dirigirse de manera preferente hacia la piel. Uno de los activos que ha mostrado capacidad de favorecer la producción de colágeno en la dermis cuando se incorpora a productos tópicos es la vitamina C pura. Además, es capaz de prevenir y atenuar la hiperpigmentación y es muy eficaz como antioxidante. ¡Tres en uno!

02

EL 한글 (*HANGUL*) DEL CUIDADO DE LA PIEL

Hangul
=
Alfabeto coreano

Una vez que hemos conocido la estructura y las funciones de la piel, vamos a ver con qué podemos cuidarla y potenciar su belleza. Iremos de lo más concreto, como los ingredientes que puedes buscar en tus productos para realizar una apuesta segura y las dudas que todas tenemos respecto a posibles incompatibilidades entre activos, a lo más general, como nuestros consejos para elegir, comprar y conservar productos con el objetivo de ser lo más sostenibles posible. Tras la lectura de este capítulo que repasa el abecé o *hangul* («alfabeto coreano») del cuidado de la piel, serás capaz de entender mucha jerga relativa al *skincare* en Instagram y TikTok. ¡Vamos allá!

INGREDIENTES COSMÉTICOS

Empecemos por el principio: ¿qué incluyen nuestros productos? ¿Qué ingredientes debo buscar para mis intereses específicos? Te lo contamos todo.

Aunque parezca increíble, todos los ingredientes de una fórmula cumplen una función específica. En su calidad y equilibrio (fruto del *savoir faire* del equipo de formuladores) radican la efectividad y las sensaciones que el producto muestra en la piel o el cabello.

Que sepas que no existen cosas como los ingredientes *filler* o «de relleno», ni tampoco «aditivos». Este es un vocabulario más propio del mundo de la alimentación.

¿Tienes papel y lápiz a mano? Hay muchísimos ingredientes distintos, pero ¡vamos a revisar algunos de los más frecuentes!

SOLVENTE: Es el componente que participa en mayor proporción en las soluciones acuosas, en los geles y en muchas emulsiones. Normalmente, es el agua destilada. Sin embargo, también puede tratarse de distintos extractos naturales o aguas florales, como la de té verde o la Camellia Sinensis Leaf Water, que se encuentra en el producto insignia de Ondo Beauty 36.5, Niacinamide & Green Tea Eye Serum, el alcohol en Acence Blemish Out Pink Spot de Mizon, u otros como el propanediol.

HUMECTANTES: Son ingredientes con la capacidad de retener agua, por lo que en la piel tienen un efecto hidratante. Se encuentran en casi todas las formas cosméticas, ya que no solo evitan la pérdida de agua en la piel, sino que también previenen que la fórmula la pierda. Busca los humectantes más comunes, recogidos en la Nomenclatura Internacional de Ingredientes Cosméticos (INCI, por sus siglas en inglés), como glicerina, butilenglicol o 1,2-hexanediol, presentes en la mayoría de las mascarillas de tejido. ¡A ellos les debes la magnífica sensación de hidratación que proporcionan! Hablaremos en mayor profundidad de ellos más adelante.

ACONDICIONADORES DE LA PIEL: Dentro de esta categoría entran una gran variedad de ingredientes cuyo objetivo común es «acondicionar la piel», esto es, proporcionarle cualidades como suavidad, emoliencia, evanescencia, luminosidad y un sinfín más. También se encuentran en casi todas las formas cosméticas. Pueden ser solubles en agua, como el extracto de centella asiática en la Niacinamide Cucumber Aqua Gel Cream de Meisani, que es calmante y suavizante. Entre los acondicionadores de la piel se encuentran también liposolubles como los emolientes y oclusivos —recuerda estos nombres para más adelante—, como los aceites y las mantecas vegetales, siliconas, *petrolatum*... También contribuyen a la textura o sensación que te provoca el uso de un cosmético, la llamada «sensorialidad».

EMULSIONANTES: Permiten que las emulsiones (mezclas de agua y aceite o cremas) se mantengan estables y que su contenido en agua y aceite no se separe. Naturales o sintéticos, los encontrarás en todas las cremas. Por ejemplo, en el Peptides & Ginseng Neck Treatment de Ondo Beauty 36.5 encontrarás uno muy clásico, el ácido esteárico.

ACTIVOS COSMÉTICOS: Son el corazón de las fórmulas más potentes. No se trata de una clasificación cerrada, sino que se suele llamar así a aquellos ingredientes que proporcionan los principales beneficios de un producto. Pueden ser de origen natural o sintético. Algunos ejemplos de activos sintéticos serían las vitaminas, el ácido hialurónico, los retinoides, los ácidos exfoliantes (AHA, BHA, PHA), etc. Ejemplos de activos naturales serían los extractos de centella asiática o de Zhi Mu.

ANTIOXIDANTES: Como el ácido fítico o la vitamina E (*Tocopherol* en Adenosine & Zhi Mu Lifting Mask de Ondo Beauty 36.5), se encargan de que los productos no se oxiden y pierdan propiedades. A su vez, en ocasiones, tienen una función dual y también protegen tu piel de los radicales libres.

FILTROS ULTRAVIOLETA (UV): Son superútiles para protegerte de las agresiones del agente oxidante por excelencia: el sol. Son de dos tipos: orgánicos (químicos), que absorben y transforman las radiaciones, como el Ethylhexyl Triazone en el I'm Aqua Sun Essence SPF50+ de Suntique; y minerales o inorgánicos (físicos), que, además de absorber, también reflejan un porcentaje de radiación, como el Titanium Dioxide y el Zinc Oxide en I'm Pure Perfect Cica SPF50+ de la misma marca. También sirven para que algunos productos se mantengan estables a pesar de encontrarse expuestos a la luz.

PERFUMES: Necesarios, necesarios no son, pero... ¡qué placentero es aplicarse un producto en el rostro y que te envuelva un maravilloso aroma que te alegre la mañana! Los encontrarás en el listado de ingredientes como «*parfum*», o a veces el perfume del producto lo componen una serie de aceites esenciales naturales, como los que utilizamos en Ondo Beauty 36.5. Dado que algunas personas pueden tener alergia a algunos componentes del perfume, ciertos productos se formulan sin él, para que todo el mundo pueda disfrutar de los cosméticos; este es el caso de la mayoría de los productos de Meisani. En los productos para ojos tampoco suelen estar presentes, ya que son una zona muy delicada.

CONSERVADORES: Son necesarios para que la mayoría de los productos que contienen agua puedan mantenerse libres de microorganismos y sean aptos para su uso durante un período largo de tiempo. De no añadirse, ¡los productos tendrían una vida útil mucho menor! Los encontrarás con millones de nombres, entre ellos, el Sodium Benzoate o los muy denigrados «parabenos». ¿Te imaginas tener que sustituir tus productos cada semana si los cosméticos no incluyeran conservadores?

COLORANTES: Pueden ser sintéticos o naturales. Le aportan al producto una dimensión visual extra, que puede contribuir a la experiencia de uso del producto. Por ejemplo, si un gel de aloe vera tuviera un perfume de piña y fuera de color rosa, ¿no sería confuso? Al acompañar el concepto de un producto con un aroma y un color, la experiencia sensorial es mucho más coherente.

HUMECTANTES, EMOLIENTES Y OCLUSIVOS: EL ALMA DE LA HIDRATACIÓN

La hidratación es una de las bases de toda rutina para cualquier tipo de piel; ya lo hemos comentado anteriormente. Formular un producto hidratante que influya sobre la TEWL requiere tres tipos de sustancias que puedan ayudar a disminuir esa pérdida de agua transepidérmica:

los humectantes, los emolientes y los oclusivos. Estos ingredientes bien merecen un apartado especial, y queremos ayudarte a identificarlos y a buscarlos en tus productos, encontrando la combinación de estos ingredientes que sea perfecta para ti. ¿Estás lista?

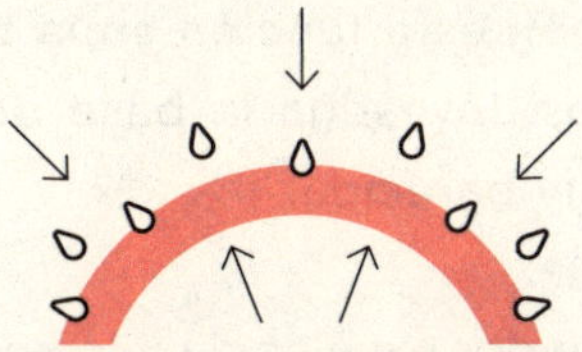

Humectante:
atrae moléculas de agua hacia la piel.

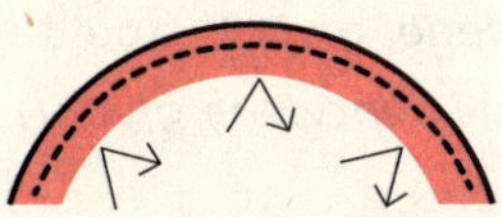

Oclusivo:
genera una película sobre la piel.

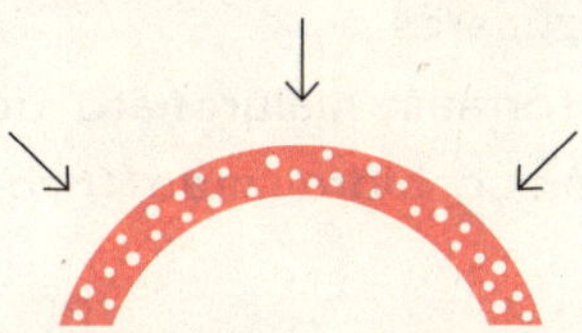

Emoliente:
ayuda a rellenar los huecos entre las células.

INGREDIENTES HUMECTANTES

Son moléculas higroscópicas, es decir, que, debido a su estructura, son capaces de atraer y atrapar moléculas de agua, como si de imanes se tratara, llevándolas hacia el estrato córneo (la capa más superficial de la piel). El origen de estas moléculas de agua puede estar en el ambiente, en la propia fórmula en la que están disueltos los humectantes o en capas más profundas de la piel. Son solubles en agua.

Estos ingredientes, por tanto, aportan humectación al estrato córneo debido a esta capacidad de atracción de agua que muestran. No te preocupes: aunque «secuestren» agua de capas más profundas de la piel, ¡estas no se van a desecar! El agua estará constantemente fluyendo desde el interior del cuerpo hacia las capas profundas de la piel. Colateralmente, los humectantes ayudan a que las fórmulas en sí no pierdan agua y, por tanto, permiten conservar sus propiedades fisicoquímicas en el tiempo.

A continuación figuran algunas de las sustancias humectantes que encontrarás en los cosméticos, aunque solo son algunos ejemplos, ya que hay hasta 2.051 ingredientes registrados con esta función en la base de datos europea de ingredientes cosméticos. Investiga la base de datos que corresponda a tu país, seguro será muy parecida.

- Glicerina (*Glycerin*): es el humectante por excelencia y lo encontrarás en muchísimas formulaciones.
- Otros glicoles: propilenglicol (*propylene glycol*, que también es emoliente), propanediol, pentilenglicol (*pentylene glycol*), 1,2-hexanediol, diglicerina (*diglycerin*), etc.
- Urea, pantenol (*panthenol*), miel y azúcares.
- Ácido hialurónico en sus diversas formas: hialuronato de sodio (*sodium hyaluronate*), ácido hialurónico hidrolizado (*hydrolyzed hyaluronic acid*), etc.

Los humectantes encantan a todo tipo de pieles.

INGREDIENTES EMOLIENTES

Un emoliente es una molécula o mezcla de moléculas que, cuando se aplica sobre la piel, es capaz de actuar como «cemento», ayudando a «rellenar» los huecos entre las células del estrato córneo. Así disminuye la pérdida de agua, ayuda a reparar y mantener la función barrera y, en definitiva, aporta confort, flexibilidad, calma y suavidad a la piel. Por ello, la palabra emoliente se ha utilizado en muchas ocasiones como sinónimo de «calmante» o «suavizante». Normalmente, son ricos en lípidos o solubles en ellos.

Algunos emolientes son los aceites vegetales (como el de camelia o el de argán), aceites sintéticos y semisintéticos (como el Cetyl Ethylhexanoate, el Isopropyl Myristate, el Ethylhexyl Palmitate, el Caprylic/Capric

Triglyceride...), la vitamina E (Tocopherol) y algunas siliconas. Algunos emolientes son, a su vez, oclusivos.

Hay emolientes para todo tipo de pieles. Los emolientes que aportan un acabado *glow* y son nutritivos, como algunos aceites vegetales, suelen ser muy agradables para las pieles normales a secas. Las pieles grasas suelen preferir emolientes con un tacto más ligero, mate y aterciopelado, que no aporten una sensación grasa o brillante, por ejemplo, las siliconas o el Cetyl Ethylhexanoate.

INGREDIENTES OCLUSIVOS

Un oclusivo es un ingrediente con capacidad de formar una película o film protector sobre la piel, que permanece sobre ella un tiempo determinado e impide que esta pierda agua por evaporación. De este modo, los oclusivos ayudan a que el estrato córneo se hidrate con la propia agua corporal procedente de las capas más profundas de la piel. Normalmente, son solubles en aceites.

Los oclusivos suelen tener un tacto graso, y es probable que las pieles más grasas no se sientan confortables haciendo uso de un producto con alta carga de oclusivos.

La palabra «oclusivo» genera confusión, ya que desde algunos sitios web se ha transmitido de manera errónea que los oclusivos bloquean los poros de la piel e impiden que esta respire, como si de una capa plástica impermeable se tratara. Sin embargo, el film que forman los oclusivos no es infinito y va desprendiéndose con el rozamiento del aire y la ropa; en última instancia, lo eliminamos al realizar la limpieza diaria.

Además, como ya sabes, ¡la piel no respira! Te aseguramos que podrás transpirar correctamente, aunque tu producto contenga oclusivos. ¡Están ahí por un motivo!

Algunos oclusivos son los siguientes: lanolina y ceras; aceites y mantecas vegetales, como la manteca de karité o el aceite de aguacate; aceites semisintéticos, como el Caprylic/Capric Triglyceride; *Petrolatum*, *Paraffinum Liquidum*, Mineral Oil... Así como diferentes siliconas. Por ejemplo, en MiiN tenemos dos productos de Urang que contienen ingredientes oclusivos: la Rose Ceramide Cream, una rica crema hidratante para piel seca o madura, y el famoso SOS Multibalm, un bálsamo que sirve para hidratar y reparar labios, codos, rodillas, etc.

Los oclusivos suelen tener un papel principal en los productos hidratantes destinados a las pieles normales a secas. En cambio, las pieles grasas tienden a sentirse «agobiadas» por este tipo de ingredientes y no les gusta esa sensación de film que proporcionan si el porcentaje de oclusivos es elevado, pero dependerá mucho de cada caso.

¿CÓMO ENCUENTRO LOS HUMECTANTES, EMOLIENTES Y OCLUSIVOS EN PRODUCTOS HIDRATANTES?

Existen productos que solo contienen uno de los tres tipos de ingredientes: humectantes, emolientes u oclusivos. Sin embargo, si no eres especialista en cosmética, quizá te sea difícil identificarlos. No es posible generalizar sin excluir algunos productos del mercado. Además, ¡sorpresa! Existen sustancias que muestran varias de las capacidades antes descritas (por ejemplo, pueden ser emolientes y oclusivas al mismo tiempo).

Sin embargo, a modo general, encontrarás estas funciones distribuidas en los distintos tipos de productos de la siguiente manera:

- **ESENCIAS:** lo más común es que solo contengan humectantes, ya que suelen ser productos sin aceites.
- **TÓNICOS:** normalmente solo contendrán humectantes, pero también pueden contener emolientes (*milky toners* como los de Keenoniks).
- **SÉRUMS:** si tienen agua, pueden contener únicamente humectantes, pero también emolientes y oclusivos. Otros, sin agua, contienen

exclusivamente emolientes u oclusivos (un buen ejemplo son los aceites de Urang), o ambos a la vez. Les sucede lo mismo a las *sheet masks*.

- **CREMAS:** lo más común es que contengan humectantes, emolientes y oclusivos. También puede ser que solo contengan humectantes (algunos cremigeles y *gel creams* sin aceites), o humectantes y emolientes (otros cremigeles).

Normalmente, una crema blanca clásica (emulsión, mezcla de agua y aceites) no será únicamente humectante, ni únicamente emoliente ni únicamente oclusiva, sino que contendrá ingredientes de las tres categorías. En realidad, esto tiene muchísimo sentido: mediante un único producto, se trata de hacer uso de las tres estrategias disponibles para optimizar la reducción de la TEWL.

Esta misma estrategia se puede aplicar al configurar tu rutina: puedes buscar productos con uno, dos o los tres tipos de ingredientes, dependiendo de tu tipo de piel y preferencias; y siempre recordando que lo más adecuado sería aplicar en primer lugar (en los primeros pasos) los productos con humectantes y, por último, los productos con emolientes y oclusivos.

Como ves, no es todo blanco o negro en el mundo de los productos hidratantes. Lo más común es que un mismo producto tenga ingredientes con dos o tres de las funciones de las que hemos hablado. ¿Qué ingredientes tienen los productos de tu rutina? Después de leer este apartado, ¿has podido identificar alguna de estas funciones?

ACTIVOS: VITAMINAS

Las vitaminas son un grupo de moléculas que, aunque sean muy diferentes entre sí, tienen en común que son imprescindibles para el buen funcionamiento del organismo. Nuestro cuerpo no es capaz de sintetizarlas por sí mismo. Por eso, para adquirirlas necesitamos ingerir una cantidad óptima de vitaminas a través de los alimentos. Muchas enfermedades se asocian al exceso o déficit de vitaminas, de modo que tan perjudicial es no tomarlas como tomar demasiada dosis. En definitiva, son compuestos necesarios para la vida (de hecho, el *vita* de vitamina viene de *vida* en latín). ¿La mejor manera de asegurarte de que las obtienes? La principal fuente de vitaminas son los vegetales crudos, ¡así que toma tus cinco raciones de fruta y verdura frescas diarias!

Existen diversas vitaminas que funcionan como activos cosméticos y que muestran sus beneficios en la piel cuando las aplicamos de forma tópica. Algunas vitaminas son antioxidantes, es decir, ayudan a prevenir el daño oxidativo causado por los radicales libres que se generan debido a la radiación solar, la polución, el estrés... Y deberían formar parte de la protección esencial que le aportamos a la piel a diario junto con la protección solar. Aprenderás más sobre estos activos en el capítulo cuatro.

Queremos todas las propiedades de las vitaminas en nuestra piel, pero hay un problema: una vez digeridas, las vitaminas se reparten por todo el organismo y no hay manera de decirle al cuerpo: «¡Eh, envíalas solo a la piel!». La forma más inmediata de beneficiarnos de las vitaminas en la piel es o bien inyectarlas (sí, existen tratamientos de medicina estética que consisten en *shots* de vitaminas, entre otros compuestos, muy populares en Corea del Sur), o bien aplicarlas de forma tópica, es decir, sobre la piel; con los productos cosméticos, las vitaminas se aplican de esta última manera.

Formuladas de manera correcta en los cosméticos, consiguen cierto nivel de actividad y penetración (por lo general, nunca más allá de la dermis), y en multitud de estudios se han observado y cuantificado sus beneficios reales. Podría decirse que las vitaminas, lejos de ser una moda de marketing de cosméticos, están en lo alto de la lista de activos cosméticos avalados por la evidencia científica.

¿Quieres descubrir sus funciones? Acompáñanos. A continuación comentamos las vitaminas más populares (seguro que ya has oído hablar sobre ellas).

VITAMINA C: ÁCIDO ASCÓRBICO Y DERIVADOS

La vitamina C es la reina de las vitaminas para la piel. Es, probablemente, la más conocida en cosmética *antiaging* junto con el retinol y, casi seguro, de la que más derivados se han creado. Estas son sus propiedades:

- Es un **POTENTE ANTIOXIDANTE**, ya que neutraliza los radicales libres producidos por los rayos UV, la polución, etc. Consigue bloquear parcialmente el daño que ejercen en las células. En consecuencia, previene el envejecimiento.
- Es **ANTIMANCHAS**, dado que previene la formación de las manchas producidas por el sol, siempre que se combine con un buen protector solar SPF50.
- Tiene **EFECTO *BRIGHTENING*:** aclara hiperpigmentaciones y marcas antiguas, por lo que unifica e ilumina el tono de la piel.
- Podría estimular la **PRODUCCIÓN DE COLÁGENO.** Mejora la firmeza de la piel al promover la formación de proteínas dérmicas.

La vitamina C es muy recomendable para cualquier tipo de piel si lo que deseas es prevenir los signos del envejecimiento, como son manchas y arrugas. Puede emplearse de día o de noche, siendo de día un tándem perfecto junto al protector solar para mantener una piel más joven. Sin embargo, la textura de algunas fórmulas con vitamina C pura, que tiende a ser oleosa, no la aceptan muy bien las pieles grasas. ¡No es el caso de nuestro querido Glow Drops Vitamin C Serum de Meisani, que tiene una textura ligera y no grasa!

Hablamos de vitamina C pura (Ascorbic Acid o ácido ascórbico) porque es la más eficaz de las formas de vitamina C, en especial siempre que esté formulada con un pH de 3-4 para potenciar su penetración. La vitamina C del sérum de Meisani está contenida dentro de pequeñas cápsulas para favorecer su *delivery* en la piel y su conservación, previniéndose así su pérdida de eficacia por oxidación. Los derivados de vitamina C son menos eficaces, o al menos no disponen de tantos estudios acerca de su efectividad *in vivo*, es decir, en piel humana.

La vitamina C que se emplea en cosméticos no se extrae de frutas, sino que es sintética. Es decir, se trata de la misma molécula y es igual de segura, pero su obtención es más sostenible.

¿Una curiosidad más? El alimento con más vitamina C no son los cítricos, sino la guayaba. ¡No te apliques jugo de limón en el rostro! Podrías irritarte la piel y sensibilizarla, lo cual aumentaría la probabilidad de que aparecieran rojeces y manchas.

VITAMINA B_3: NIACINAMIDA

La niacinamida (*niacinamide*) es un activo multifunción, y no en vano el favorito de muchas *beauty geeks,* ya que prácticamente cualquier tipo de piel puede beneficiarse (¡y mucho!) de sus diferentes propiedades. ¡Pasamos a resumírtelas!

- **REGULA LA PRODUCCIÓN DE SEBO.** Los poros, al estar más limpios, se verán bonitos y serán menos propensos a bloquearse y formar acné.
- **MEJORA EL TONO DE LA PIEL.** Favorece que el tono sea menos cetrino y más uniforme, pues inhibe la formación de manchas y consigue atenuarlas.
- **REFUERZA LA FUNCIÓN BARRERA DE LA PIEL.** Favorece la síntesis de moléculas que forman parte de la piel, como colágeno, ceramidas, etc. Por tanto, mejora la firmeza y la elasticidad.
- **ES UN EXCELENTE ANTIOXIDANTE.** Protege la piel frente al estrés oxidativo de los radicales libres que generan la radiación UV, la polución, etc. Previene así el envejecimiento de la piel.

- **HIDRATANTE.** Limita la pérdida de agua de la piel, por lo que la piel se ve más luminosa.
- **AYUDA A REDUCIR IRRITACIONES, INFLAMACIÓN Y ROJECES.** Perfecto para pieles sensibles o sensibilizadas.

Seguro que entre toda esta batería de propiedades has encontrado al menos una de la que te gustaría beneficiarte. Si todavía dudas, a continuación te comentamos algunos tipos y estados de la piel para los que la niacinamida es muy recomendable:

- **PIEL CON TENDENCIA GRASA O ACNEICA.** Los poros se verán más limpios. Los granitos aparecerán con menor frecuencia y se inflamarán menos. La piel se recuperará más rápido y los granitos dejarán a su paso menos marca. Los brillos se regularán.
- **PIEL SENSIBLE.** Se reducirá la irritación y aumentará la tolerancia de otros activos.
- **PIEL CON LA BARRERA CUTÁNEA COMPROMETIDA.** Dado que la niacinamida estimula la producción de lípidos y proteínas propias de la piel, beneficiará a la piel que por diferentes motivos tenga sus componentes en desequilibrio y esté deshidratada o alterada en exceso.
- **PIEL CON MANCHAS, CON TONO AMARILLENTO O APAGADA.** Previene la aparición de nuevas manchas y mejora las ya existentes.
- **PIEL DESHIDRATADA.** Interviene en la pérdida de agua, consiguiendo que esta escape en menor proporción de la piel y, en consecuencia, la piel se vea más jugosa.
- **PIEL CON PÉRDIDA DE FIRMEZA.** Favorece la formación de proteínas fibrosas de la dermis.

¡Nos encanta la niacinamida! Encuéntrala en montones de productos tanto de Ondo Beauty 36.5 como de Meisani, en dosis eficaces.

VITAMINA B_5: PANTENOL

El pantenol (*panthenol*), también llamado provitamina B_5, dexpantenol o D-pantenol, es un precursor de la vitamina B5, ácido pantoténico o ácido D-pantoténico. En otras palabras, esto significa que el pantenol es una molécula que, tras una reacción química, se transforma en vitamina B5. Dado su bajo peso molecular, cuando aplicamos pantenol sobre la piel (tópicamente), es capaz de penetrar en la epidermis y de metabolizarse rápidamente, convirtiéndose en vitamina B5.

Como comentábamos, el sistema digestivo no tiene la capacidad de dirigir de forma selectiva los ingredientes a determinados lugares del cuerpo; es decir, no puede «decidir» que a la piel le llegue más vitamina B5 que a otros órganos, así que tópicamente podemos aplicar pantenol directamente en el lugar al que nos interesa que llegue. Por otro lado, se han observado beneficios en la piel derivados de la aplicación tópica del pantenol.

El dexpantenol, aplicado de forma tópica, muestra las siguientes propiedades:

- **CALMANTE.** Alivia las sensaciones de picazón, irritación y enrojecimiento.
- **REPARADOR.** Favorece los procesos de regeneración de la piel (proliferación celular), ayudando así a reparar la función barrera natural de la piel y, por tanto, a reducir su pérdida de agua. Al reducir la pérdida de agua, ayuda a suavizar la piel y a mantenerla elástica, además de protegerla.
- **HUMECTANTE.** Es capaz de atraer agua y retenerla en la piel. Un estudio en el que se aplicaron sobre la piel diversas cremas que contenían de un 1.0 a 5.0 por ciento de pantenol mostró que este aumenta la hidratación de la piel y su resiliencia tras su limpieza (es decir, la capacidad de la piel de recuperarse más rápido).

El pantenol será un ingrediente de interés en tus cosméticos si tienes la piel del rostro seca, deshidratada, sensible, alterada… Pero también si simplemente precisas protección y calma en este momento (es posible que tu piel esté «molesta» debido al frío, a una quemadura solar, a un ambiente de baja humedad, etc.).

En cosmética suele utilizarse en un porcentaje de aproximadamente el 0.1 por ciento hasta el 5 por ciento; dado que a porcentajes bajos ya es eficaz, no se necesita una gran cantidad de pantenol. ¡Es un ingrediente muy conocido y querido en la industria cosmética, con una larga trayectoria!

Dadas sus propiedades, el pantenol se incorpora en porcentajes más altos (en torno al 5.0 por ciento o más), en productos sanitarios y medicamentos, tales como algunas pomadas cicatrizantes y protectoras específicas para tratar lesiones como pequeñas heridas, irritaciones, quemaduras, picazón, piel atópica, dermatitis del pañal… Y sí, ¡también para ayudar a curar tatuajes! A pesar de no ser terreno de la cosmética, estas aplicaciones nos permiten comprender el alcance de las propiedades del pantenol.

ACTIVOS: ÁCIDOS EXFOLIANTES (TRANSFORMADORES DE LA PIEL)

Como hemos visto anteriormente, la piel está formada por varias capas, la más externa es el estrato córneo, formado por células muertas. El estrato córneo se renueva continuamente, de forma que se van desprendiendo las células muertas de su superficie (aunque no te des cuenta) en un proceso llamado «descamación». Por lo general, la epidermis se renueva en su totalidad cada 28 días aproximadamente, de modo que es como si estrenásemos piel aproximadamente cada mes. A partir de los treinta años, este ritmo de renovación se va ralentizando, y junto con otros factores, esto determina que comiencen a asomar los primeros signos de envejecimiento: las primeras líneas de expresión, un tono menos uniforme y más apagado, una textura más áspera, etc.

Es aquí precisamente donde entran en acción los transformadores de la piel. Son ingredientes que, como su nombre indica, son capaces de promover cambios visibles en la epidermis. Algunos de ellos lo consiguen ayudando a la piel a exfoliarse y a regular su ciclo de recambio, con lo cual se consigue un cutis más luminoso, más uniforme en textura y tono, con una producción sebácea más equilibrada, con menos imperfecciones y líneas finas, más firme y de mayor calidad en general. Se trata de potentes activos que suelen encontrarse en productos de tratamiento focalizados en ayudar a resolver preocupaciones específicas. Los transformadores de la piel se utilizan preferentemente de noche. Hablaremos más sobre cómo pasar a la acción e introducirlos en tu rutina en el capítulo cuatro.

Unos de los transformadores de la piel más populares son los ácidos exfoliantes o hidroxiácidos. Los hidroxiácidos son moléculas ácidas (valga la redundancia) que, mediante distintos mecanismos, aumentan la velocidad del ciclo de renovación de las células y desincrustan células muertas de la superficie del estrato córneo, lo cual favorece la descamación y da lugar a una piel más uniforme y *glowy*. En otras palabras, exfolian la piel. Esta exfoliación es más indirecta que la exfoliación mecánica (la que se realiza mediante partículas exfoliantes, como el azúcar o el polvo de cáscara de nuez), pero es a su vez más suave y uniforme.

Dentro de los hidroxiácidos se encuentran los alfa hidroxiácidos (AHA), los beta hidroxiácidos (BHA) y los polihidroxiácidos (PHA). El pH al que están formulados los hidroxiácidos y su concentración en el producto son los aspectos que más determinan su efectividad: si el producto en el que se han incorporado presenta un pH demasiado alto, los ácidos no penetrarán correctamente en la piel y no se encontrarán disponibles para actuar en la fórmula en una concentración óptima, de forma que disminuye su potencia. Por su parte, las concentraciones de ácidos inferiores a las óptimas ayudarán a exfoliar a largo plazo, pero no de una manera tan visible.

La cosmética coreana se caracteriza por sus fórmulas amables que permiten disfrutar de una piel bonita derivada de su uso continuado. Las coreanas son muy constantes y pacientes con sus rutinas de cuidado de la piel. Por eso, por lo general, los productos coreanos no presentan porcentajes de ácidos muy altos; sin embargo, son suficientes para conseguir su objetivo de lograr una piel preciosa a largo plazo. En MiiN conseguimos el híbrido ideal para las pieles occidentales con nuestras marcas propias, que incluyen porcentajes más altos y se fabrican con el *know how* coreano.

ALFA HIDROXIÁCIDOS (AHA)

Los alfa hidroxiácidos o AHA (ácidos glicólico, láctico, málico, mandélico, cítrico, tartárico...) unifican el tono y reducen la apariencia de arrugas, por lo que se suelen recomendar como ingredientes antienvejecimiento para pieles secas. Son solubles en agua, y los ácidos glicólico y láctico también son humectantes, de modo que frenan la pérdida de agua transepidérmica. Los AHA también aportan luminosidad. Entre ellos, el glicólico es el más potente (y el más pequeño, por lo que penetra en la piel más fácilmente); por ese mismo motivo, es el que más probabilidades tiene de causar efectos adversos. El ácido láctico es el siguiente en tamaño, es más suave y menos propenso a causar reacciones, y además es hidratante y se encuentra de manera natural en el manto ácido de la piel. En ocasiones, el ácido láctico también se emplea en las fórmulas, pero no con fines exfoliantes, sino para ajustar el pH de las mismas. La Charcoal & Yuja Bubble Mask de Ondo Beauty 36.5, por ejemplo, contiene un pequeño porcentaje de AHA, apto para principiantes. Otro ejemplo de AHA es el ácido tartárico incluido en el AHA & Shea Butter Renewing Body Wash, también de Ondo Beauty 36.5.

BETA HIDROXIÁCIDOS (BHA)

De entre los beta hidroxiácidos (BHA), el ácido salicílico es el que más se suele utilizar en los cosméticos. Está muy recomendado para pieles grasas o con tendencia a tener puntos negros y acné, dado que al ser soluble en aceite, es capaz de penetrar en los poros obstruidos y limpiar ese sebo, además de tener propiedades antibacterianas y antiinflamatorias. Las personas con alergia a la aspirina (ácido acetilsalicílico) deben realizar una prueba del parche en el brazo antes de aplicar BHA en el rostro.

Se recomienda formularlo al 0.1-2 por ciento, y con un pH inferior a 3.5, aunque algunos estudios indican que sigue teniendo actividad exfoliante a un pH más alto (hasta 7), cosa que por otro lado disminuye su potencial irritante y lo convierte en apto para pieles sensibles. El Puri-Tea Salicylic Acid Cleansing Gel de Meisani, por ejemplo, contiene un 0.5 por ciento de BHA.

POLIHIDROXIÁCIDOS (PHA)

Los últimos en llegar han sido los polihidroxiácidos o PHA (por ejemplo, la gluconolactona y el ácido lactobiónico). Son ácidos de última generación que, aunque comparten una estructura parecida a la de los AHA, tienen un tamaño molecular mayor, por lo cual su capacidad de penetración es menor. En consecuencia, también lo es su potencial irritante; por ello son los ácidos de elección para iniciarse, y las pieles sensibles pueden preferirlos.

Además de propiedades exfoliantes, tienen capacidad hidratante y antioxidante, es decir, dificultan el acceso de los radicales libres a las estructuras cutáneas y, por lo tanto, protegen del envejecimiento. Como exfoliantes realizan una exfoliación suave que favorece la renovación del estrato córneo, lo cual da como resultado una piel más uniforme en textura y color y más luminosa; también son aptos en casos de imperfecciones cutáneas como granitos. Los encuentras, por ejemplo, en la Pink Clay & Rose Pore Cleansing Mask de Ondo Beauty 36.5, que contiene una mezcla de PHA y BHA a un 1.1 por ciento.

ACTIVOS: RETINOIDES (TRANSFORMADORES DE LA PIEL)

Es prácticamente imposible que no hayas escuchado la palabra *retinol* si te interesa el mundillo *beauty*. Pero ¿a qué se debe tanta popularidad? Te lo explicamos enseguida.

Los retinoides son un grupo de moléculas derivadas de la vitamina A, una vitamina esencial para algunas funciones de nuestro organismo, que se encuentra de manera natural en algunos alimentos de origen animal y vegetal. ¿Te suenan los betacarotenos de la zanahoria, por ejemplo? Estos son una forma precursora de la vitamina A, que, por cierto, es la que le aporta un color amarillo-anaranjado.

Con respecto a la piel, los retinoides tienen un largo y conocido historial de eficacia en el tratamiento de algunas afecciones, en especial los que se incluyen en medicamentos orales, como la isotretinoína (el principio activo del famoso Roaccutane) o tópicos, como el ácido retinoico, la forma tópica más estudiada.

¿Qué propiedades se atribuyen a los retinoides? No nos tiembla la mano al escribir que es la familia de activos con más evidencia científica en cuanto a sus beneficios antienvejecimiento. Dado que favorecen la renovación celular del estrato córneo, ayudan a mejorar tanto las líneas finas como la hiperpigmentación debidas al fotoenvejecimiento, lo cual se traduce en una epidermis más uniforme, luminosa y fresca. Pero no solo eso, sino que también engrosan la dermis (sí, la dermis; es uno de los pocos ejemplos de ingredientes cosméticos que actúan en este nivel); eso favorece la síntesis de colágeno y, por tanto, una mayor calidad, firmeza, hidratación y elasticidad de la piel. Por si fuera poco, también contribuyen a regular la producción sebácea, mejorando el aspecto de puntos negros y blancos, así como de las lesiones del acné inflamatorio. ¡Vaya! Suena increíble, ¿verdad?

En cuanto a los retinoides que se emplean en cosmética, los hay de diversas potencias, dependiendo del número de pasos por los que el activo haya de pasar en la piel hasta transformarse en la forma activa, el ácido retinoico. El más conocido es, sin duda, el retinol, aunque en los últimos años hay un primo cercano que le está ganando terreno en cuanto a popularidad: el retinal.

LISTA DE RETINOIDES ORDENADOS DE MENOR A MAYOR POTENCIA
ÉSTERES DE RETINOL (INCI: *retinyl-*)
RETINOL (INCI: *retinol*)
RETINAL (INCI: *retinaldehyde*)
ÁCIDO RETINOICO (solo en productos sanitarios y medicamentos)

¿Cuál es la mala noticia? Que cuanta más potencia tiene el retinoide, mayor potencial de irritación suele tener (aunque no siempre es así) durante la etapa en la que lo estamos introduciendo en nuestra rutina, cuando nuestra piel todavía está habituándose al activo. Es la famosa «retinización», que se supera siguiendo una estrategia para la introducción del activo que ha de tener en cuenta la forma en la que se encuentra, su porcentaje y su frecuencia de aplicación, y ha de complementarse con un refuerzo de la función barrera, normalmente en forma de crema.

En MiiN Cosmetics tenemos el honor de haber lanzado en 2022 nuestros primeros productos con retinol puro, tanto en la marca Ondo Beauty 36.5 (Eye Serum y Neck Treatment) como en la marca Meisani (Blue Elixir Retinol Serum). Cualquier producto con retinol encuentra un *match* perfecto en productos que refuerzan la función barrera, los cuales ayudarán a contrarrestar el potencial irritativo y las molestias que pueda generar el retinol.

Cabe destacar que los retinoides no están recomendados durante el embarazo (hablaremos más sobre esto en el capítulo cuatro).

Para ser una auténtica *beauty geek*, di siempre «retinoides» en vez de «retinoles», por favor.

INGREDIENTES Y EXPOSICIÓN SOLAR

Son muchas las personas en Corea del Sur que tienen una rutina completamente distinta dependiendo del momento del día en el que se encuentren. Una rutina coreana básica puede ser más indicada para el día o para la noche dependiendo de varios factores. El primero y más importante es que hay productos que no deben entrar en contacto con la exposición solar. Hablamos de ingredientes fotosensibles y fotosensibilizantes. Es importante diferenciarlos.

FOTOSENSIBLE

Un ingrediente fotosensible es aquel que, cuando entra en contacto con la luz solar, se oxida, se degrada o pierde propiedades. Puede cambiar su color, su textura, su olor... ya que es sensible a la luz. Eso no significa que pueda producirse algún tipo de consecuencia negativa. Simplemente el producto cambia por el contacto con el sol.

La vitamina C pura es fotosensible y los sérums que la contienen suelen tornarse amarillos o anaranjados si se exponen a la luz. Por ejemplo, en el sérum Vitamin C Glow Drops de Meisani aplicamos algunas de las estrategias que previenen la oxidación de este activo: envolvemos la vitamina C en cápsulas para protegerla y protegemos el activo mediante otros antioxidantes y un envase oscuro.

FOTOSENSIBILIZANTE

Una sustancia fotosensibilizante es aquella que, combinada con la radiación solar, induce a una respuesta exagerada, con consecuencias negativas en nuestra piel: desde alergias, manchas, ampollas, vesículas o eritemas hasta quemaduras. Algunos ejemplos de sustancias fotosensibilizantes son algunos alérgenos de los aceites esenciales naturales (en especial, cítricos) y de los perfumes naturales o sintéticos contenidos en cosmética.

Evita usar estos productos cuando vayas a exponerte varias horas al sol directo. Eso significa que es mejor no usar perfume ni fragancias cuando vayas a la playa, ni tampoco productos que contengan un porcentaje alto de aceites esenciales ni perfumes. Si quieres optar directamente por productos *leave-on* que no contengan fragancias naturales ni artificiales, te aconsejamos mucho echarle un ojo a nuestra marca propia Meisani, de MiiN Cosmetics.

Puede que estés usando algunos fármacos que sean fotosensibilizantes. Desde MiiN te recomendamos que si estás tomando una medicación diaria, se lo consultes a tu médico o farmacéutico. Por ejemplo, algunos tratamientos farmacéuticos para tratar el acné (a causa de las isotretinoínas) o el ácido retinoico, así como antibióticos, anticonceptivos orales y muchos otros fármacos pueden resultar ser fotosensibilizantes.

¿QUÉ PRODUCTO DESTINO A LA RUTINA DE DÍA (O A LA DE NOCHE)?

Muy fácil. Solo tienes que fijarte en el listado de ingredientes y, si contiene alguna sustancia fotosensible o fotosensibilizante, puedes dejar el producto para la rutina de noche.

Tanto los retinoides como los ácidos exfoliantes, por ejemplo, pueden ser fotosensibilizantes. Esto significa que no deberías emplearlos y a la vez exponerte al sol sin protección solar con total tranquilidad. Usar un producto con transformadores de la piel y recibir una gran exposición solar no solo hará que el producto cree irritaciones en la piel, sino que hará que la epidermis esté mucho más desprotegida frente a los rayos UVB y UVA. Eso significa que si usamos estos productos y no nos protegemos correctamente de la radiación solar, nuestra piel se quemará y fotoenvejecerá más fácilmente. La solución más segura, ante la duda, es dejar tanto los retinoides como los ácidos para la noche. Si quieres usarlos de día, debes protegerte del sol a conciencia.

Un truco: por norma general, todos los productos que contienen algún tipo de protección solar suelen estar creados especialmente para usarse durante el día. Desde los *cushions* hasta las *BB creams*, pasando por las cremas con SPF. ¿Tienes dudas sobre la fotosensibilización que te puede causar un producto? Si quieres usarlo de día, lo mejor es que te apliques una buena protección solar y la reapliques a su debido tiempo.

MEZCLA INGREDIENTES COMO UNA PROFESIONAL

A continuación incluimos una tabla-resumen de los activos que más dudas generan en cuanto a sus posibles combinaciones. Es solo una guía general, pues al final siempre dependerá de la resistencia de tu piel, de los porcentajes de activos en los productos, de los objetivos que quieras conseguir, etc.

NIVEL BÁSICO		
VITAMINA C PURA	VITAMINA C PURA	¡Mézclalos!
NIACINAMIDA	AHA	¡Mézclalos!
	BHA	
	PHA	
	RETINOIDES	¡Combo superganador!
	VITAMINA C PURA	¡Mézclalos!
	NIACINAMIDA	

PANTENOL	AHA	¡Mézclalos!
	BHA	
	PHA	
	RETINOIDES	
	VITAMINA C PURA	
	NIACINAMIDA	
	PANTENOL	
ÁCIDO HIALURÓNICO	AHA	¡Mézclalos!
	BHA	
	PHA	
	RETINOIDES	
	VITAMINA C PURA	
	NIACINAMIDA	
	PANTENOL	
	ÁCIDO HIALURÓNICO	
NIVEL INTERMEDIO		
AHA	AHA	Solo usuarias avanzadas. Cuidado con la sobreexfoliación.
	BHA	Solo usuarias avanzadas. Focaliza poros, textura y luminosidad. Cuidado con la sobreexfoliación.
BHA	BHA	Solo usuarias avanzadas. Cuidado con la sobreexfoliación.
PHA	AHA	Focaliza textura, luminosidad e hidratación. Cuidado con la sobreexfoliación.
	BHA	Combo ganador para pieles sensibles y grasas. Mejor en días alternos. Cuidado con la sobreexfoliación.
	PHA	Solo usuarias avanzadas. Focaliza textura, luminosidad e hidratación. Cuidado con la sobreexfoliación.
VITAMINA C PURA	AHA	Cuidado de las pieles sensibles.
	BHA	
	PHA	
	RETINOIDES	Combo superganador para luminosidad y antienvejecimiento. Mejor separar la vitamina C (mañana) y el retinoide (noche).
NIVEL EXPERTO		
RETINOIDES	AHA	Solo usuarias avanzadas. Mejor en días alternos.
	BHA	
	PHA	
	RETINOIDES	Si es a porcentajes altos, aplica un único producto con retinoides.

CÓMO LEER UNA LISTA DE INGREDIENTES

¿Alguna vez te has preguntado por qué entre las *beauty geeks* se llama simplemente INCI a la lista de ingredientes de un producto? INCI son las siglas en inglés de Nomenclatura Internacional para Ingredientes Cosméticos y es un sistema internacional para nombrar los ingredientes cosméticos, de manera que cualquier persona en el mundo pueda leerlos y entenderlos sin importar el idioma del país. INCI es una especie de lengua común conocida y hablada de forma fluida por profesionales de la industria, el sector sanitario y las autoridades. ¿Te preocupa no reconocer algún ingrediente dentro de la lista de un producto que tienes? No deberías, ya que ¡es totalmente normal! Requiere conocimientos de química y biología, ya que los nombres de estas sustancias habitualmente responden a sus fórmulas químicas o al nombre científico de la especie.

La lista de ingredientes es como una ventana traslúcida que deja entrever algunos detalles de la fórmula de un producto, pero en ningún caso es la puerta de entrada a la misma. ¡No es casualidad! Mediante la lista de ingredientes, los fabricantes consiguen ofrecer al consumidor la información necesaria para que este evite ingredientes que no le van bien o para que busque entre ellos los que sí. Mientras, a su vez, buscan proteger sus fórmulas de posibles copias, lo que, aun tomando precauciones, sucede.

¿Cómo consiguen protegerlas? Por ley, los ingredientes han de listarse de mayor a menor concentración en la fórmula hasta el límite del 1.0 por ciento. Este orden permite que podamos intuir más o menos cómo se estructura la fórmula. Sin embargo, los ingredientes que se encuentren en una concentración inferior al 1.0 por ciento en la fórmula pueden listarse con el orden que el fabricante decida: según preferencias de marketing, alfabéticamente, siguiendo el mismo orden decreciente, etc. En este punto les perdemos la pista, puesto que esto permite al fabricante dificultar la copia, ya que el límite del 1.0 por ciento no está marcado de ninguna manera en la lista de ingredientes (los formuladores tienen sus trucos para evitar marcarlo).

¡Imagínate! Una misma lista de ingredientes hipotética podría pertenecer a dos fórmulas tan distintas entre sí como las que te mostramos abajo.

Ingredients: Aqua (water), glycerin, Centella asiatica extract, hyaluronic acid, snail secretion filtrate, citric acid, potassium sorbate.

FÓRMULA A	
INGREDIENTE	%
Aqua (water)	89.0
Glycerin	5.0
Centella asiatica extract	4.0
Snail secretion filtrate	0.9
Potassium sorbate	0.4
Hyaluronic acid	0.5
Citric acid	0.2

FÓRMULA B	
INGREDIENTE	%
Aqua (water)	96.1999
Glycerin	3.0
Centella asiatica extract	0.1
Snail secretion filtrate	0.1
Potassium sorbate	0.4
Hyaluronic acid	0.0001
Citric acid	0.2

Por lo tanto, guiarte por lo alto que está una sustancia en la lista de ingredientes puede ser tan solo eso: una guía. Al final del libro, en la página 227, encontrarás un resumen con los ingredientes más interesantes de la cosmética actual.

Entonces ¿cómo deberíamos leer una lista de ingredientes las usuarias finales? Pues... con curiosidad, con una mentalidad abierta y sin obsesionarnos. Busca en la lista aquellos ingredientes que sepas que le funcionan a tu piel y también los que no, para evitarlos. Como ves, no es posible ni podemos pretender desvelar los secretos de una fórmula únicamente a partir de la lista de ingredientes, dado que esta no cuenta la historia completa del producto. Inferir cómo está estructurada una fórmula y sus entresijos no es una tarea fácil. Exige disponer de un conocimiento muy profundo de la industria y tener experiencia en formulación de cosmética. A veces, ni siquiera estos profesionales podrían copiar un producto solo con los datos que proporciona la lista de ingredientes, sin conocer porcentajes, calidades de materias primas, proveedores ni métodos de fabricación.

¿CÓMO ELEGIR UN PRODUCTO?

¿Tienes claro con qué ingredientes haría *match* tu piel? Ahora que ya sabes más sobre los activos que más te interesan, compartimos algunos consejos superútiles a la hora de elegir tus productos (y acertar, aunque lo hagas *online*). En especial, comentamos los que más decepciones suelen darnos por no haber atinado al cien por ciento con la textura, como los productos hidratantes y las mascarillas.

SELECCIONA LA TEXTURA O FORMA COSMÉTICA

Antes que nada, es fundamental que sepas que los productos cosméticos pueden presentarse con distintas texturas o «formas cosméticas». Cada una de estas texturas posee un rango de proporción distinto entre sus ingredientes. En realidad es bastante lógico e intuitivo; ¡seguro que ya te habías dado cuenta y ya conoces tus texturas preferidas!

En general, y aunque existen formas intermedias o modificadas, las formas cosméticas más comunes son las siguientes:

- **SOLUCIONES ACUOSAS (HIDRÓFILAS).** Son productos líquidos cuyo componente mayoritario es un disolvente en el que se disuelven otros componentes. Las más frecuentes tienen el agua como componente mayoritario, como en el caso de tónicos, *foam cleansers* o esencias. Puede haber otros componentes mayoritarios, como el alcohol de los perfumes.

- **SOLUCIONES OLEOSAS (LIPÓFILAS).** Son productos líquidos de tacto aceitoso, como los aceites y bálsamos limpiadores, o los aceites faciales. En ellos, el componente mayoritario es, para que lo entendamos fácilmente, un ingrediente con alta afinidad por los aceites (lipófilo) en el que se disuelven estos aceites.
- **GELES.** Son productos semisólidos de textura fresca, como los geles de aloe vera, las «cremas» en formato gel y algunos sérums. En realidad, son líquidos a los que se les añade un agente gelificante que forma una «red» en la que queda suspendido el líquido. A modo de ejemplo, imagina una esponja empapada de agua: la estructura de la esponja sería el agente gelificante y el agua sería el líquido suspendido. La gelatina comestible es otro buen ejemplo para comprender mejor la estructura de los geles. Dependiendo de la cantidad y del tipo de agente gelificante, el producto será más o menos viscoso.
- **EMULSIONES.** Las «cremas blancas» de toda la vida. Son mezclas de ingredientes acuosos y oleosos, pero, como bien sabes, ¡el agua y el aceite no se mezclan bien! Para ello se añade uno o varios emulsionantes que ayudan a que agua y aceites se mantengan unidos de manera homogénea y no se separen. ¿En qué se traduce esto? Se obtienen texturas que pueden ir de ligeras a muy ricas, dependiendo de sus ingredientes, y que proporcionan a la piel humectación y emoliencia, e impiden la pérdida de agua. ¡Hay emulsiones para todas las necesidades! Lociones, cremas... todas son emulsiones.
- **CREMIGELES.** Son texturas intermedias entre los geles y las emulsiones, que usualmente no tienen un porcentaje alto de aceite (o, como decimos en el mundo de la formulación, una gran carga de fase oleosa).

Como seguro ya imaginas, la carga de fase oleosa (es decir, los aceites) y la textura de un producto serán claves para elegirlo como el más adecuado para tu piel o no. Por ejemplo, las pieles más secas disfrutan mucho de los productos con un alto porcentaje de fase oleosa, como las emulsiones, en especial las que además se acompañan de una textura densa. Por el contrario, las pieles grasas prefieren texturas más ligeras, como cremigeles y geles, con un bajo porcentaje de fase oleosa.

ENCUENTRA TU MASCARILLA PERFECTA

Dentro de la cosmética coreana existen distintos tipos de mascarillas faciales. Ni sus funciones ni su modo de aplicación son los mismos, así que si quieres convertirte en una experta en *k-beauty*, tienes que saber las diferencias. Estas son las mascarillas más comunes.

SHEET MASKS O MASCARILLAS DE TEJIDO

Las mascarillas de tejido están pensadas para pieles sensibles, secas, grasas o mixtas. Son el producto estrella de la rutina facial coreana, ya que permiten limpiar, nutrir e hidratar la piel, y su uso es muy fácil.

De celulosa algodón, tencel... Son conocidas como *sheet masks* o mascarillas de tejido. Su punto distintivo es que el material crea una capa semioclusiva que favorece que la fórmula se absorba. Algunas de ellas van más allá e incluyen tejidos biodegradables, supersuaves o con propiedades especiales, como las de Ondo Beauty 36.5.

Consejo de expertas: Mételas en el refrigerador antes de su uso, ya que el frío contribuirá a minimizar la apariencia de los poros.

BUBBLE MASKS O MASCARILLAS DE BURBUJAS

¿Hay algo más chispeante que una burbuja? Los ingredientes de las mascarillas de burbujas producen un agradable efecto cuando entran en contacto con la piel y el oxígeno del aire. Además, en combinación con otros elementos depurativos e hidratantes, constituyen un excelente agente limpiador que arrastra la suciedad de los poros.

La mascarilla facial de burbujas, también conocida como *bubble mask*, tiene incontables beneficios. A la cosquilleante sensación de las partículas carbonatadas se le añade la potente capacidad de limpieza, gracias a algunos de sus ingredientes como el carbón. La combinación de ambos elementos consigue eliminar la suciedad y purificar el exceso de sebo sin resecar la piel.

Las mascarillas faciales de burbujas también pueden tener beneficios añadidos, como una ligera exfoliación debida a los distintos ácidos que contienen (AHA y BHA) en combinación con las pequeñas burbujas que se generan; sin embargo, no es tan común encontrar estos ingredientes en este tipo de mascarillas. ¿Sabías que en nuestra mascarilla Charcoal & Yuja Bubble Mask de Ondo Beauty 36.5 logramos introducir con éxito estos ácidos en la fórmula? Los ácidos glicólico y salicílico, de eficacia probada como exfoliantes químicos, además de lograr la renovación de la epidermis y limpiar la suciedad de los poros, consiguen un efecto iluminador con resultados inmediatos.

Además, en una mascarilla con burbujas se pueden incluir aceites esenciales que ayuden a redondear la experiencia sensorial con su aroma, como es el caso del aceite esencial de yuzu, o antioxidantes, como el extracto de *camu*, un fruto muy conocido por su extraordinaria concentración en vitamina C. Tradicionalmente se han incluido en las fórmulas o en los propios tejidos de las mascarillas de burbujas una variedad de ingredientes naturales, como el carbón activado, que ayuda a dejar la piel suave y tersa. Nunca una mascarilla fue tan divertida.

MASCARILLAS DE HIDROGEL

Una de las principales ventajas de las mascarillas de hidrogel frente a las de celulosa es que no son tan transpirables, por lo que permiten una mayor hidratación, ya que reducen la TEWL. Además, el hidrogel es un material que ayuda a refrescar durante más tiempo que la celulosa, y puede descongestionar la piel.

En el mundo de la cosmética coreana encontrarás tanto parches de hidrogel para los ojos -efectivo para reducir la apariencia de bolsas y ojeras- como mascarillas de hidrogel hidratantes, o para pieles con falta de luminosidad. Cómodos y rápidos, los parches de hidrogel para los ojos son el complemento perfecto para una rutina de cuidados diaria. ¿Has probado los Caffeine & Green Tea Eye Patches de Ondo Beauty 36.5?

SLEEPING PACKS O MASCARILLAS DE NOCHE

Durante el día, la piel está sometida a cambios de temperatura, a la polución y a agentes externos como el viento y el sol. Sin embargo, durante la noche, mientras dormimos, la piel activa sus procesos de reparación y aumenta su capacidad de respuesta a cualquier tratamiento, por lo que es el momento ideal para aplicar una mascarilla facial nocturna.

Aplicar una mascarilla sobre el rostro antes de dormir aumenta el poder de sus principios activos incluidos a una alta concentración y se logra una mejor reparación. ¡Cómo no!, hemos desarrollado nuestra propia fórmula: Squalane & Bakuchiol Sleeping Pack de Ondo Beauty 36.5.

MASCARILLAS *MODELING* O MASCARILLAS DE ALGINATOS

La *modeling mask*, también llamada *rubber mask*, empezó a utilizarse como tratamiento exclusivo de los spas en Seúl, como el de Shangpree.

Ahora, gracias a la cosmética coreana, tenemos la posibilidad de convertir la sala de casa en un lugar donde mimar la piel. Este tipo de mascarillas consta de una elevada concentración de nutrientes que lograrán limpiar, reducir el tamaño de los poros y regenerar la piel.

Entre ellas están las que utilizan primordialmente el carbón como ingrediente principal. Por sus enormes virtudes en cosmética, el carbón es uno de los grandes protagonistas en las mascarillas coreanas. ¿Las razones? Es capaz de limpiar la suciedad acumulada en los poros y resulta ideal para absorber el exceso de grasa. Además, el colágeno asegura un efecto humectante durante y después de su aplicación.

Otro ingrediente que, nunca mejor dicho, enriquece las mascarillas *modeling* es el oro, un elemento de lujo de sobra conocido en el mundo de la belleza más exclusiva.

El modo de usarlas es parecido al de cualquier mascarilla, pero la preparación es distinta. Normalmente tendremos que mezclar dos productos. Al juntarlos en un cuenco, se obtiene una mascarilla densa pero ligeramente líquida. Una vez aplicada en la piel, el material se condensa y es posible moldearlo, como si se tratara de un *flubber* de juguete. En Corea se aplican en todo el rostro, incluyendo cejas, párpados y labios. Puedes probar este spa de lujo en la comodidad de tu casa, por ejemplo, con la Black Pearl Premium Modeling Rubber Mask de Shangpree.

TIRAS PARA PUNTOS NEGROS

Los puntos negros son una constante en determinados tipos de piel, debido a la obstrucción de los poros. Por eso, una mascarilla para puntos negros es una forma de limpiarlos correctamente y mantenerlos a raya. Las tiras *peel-off* limpian el bloqueo de los poros con tan solo un par de aplicaciones al mes, especialmente si combinas el tratamiento con un exfoliante químico. En ellas encontrarás ingredientes regeneradores, como la centella asiática, o antibacterianos, como el aceite de árbol del té.

MASCARILLAS *WASH-OFF* O CON ACLARADO

La mascarilla *wash-off* es una mascarilla cremosa que se aplica tras la doble limpieza y cumple la función de exfoliante y mascarilla. A diferencia de las *sheet masks* convencionales, una vez transcurrido el tiempo de uso se tienen que retirar con agua. Lo dice su nombre: *wash-off mask*, que en inglés significa «mascarilla con aclarado». Es importante que no te la dejes puesta.

Puedes aplicarla con tus propios dedos, aunque en centros profesionales suelen utilizar una brochita para cremas o espátula. Si lo haces de este modo, podrás atinar mejor en su aplicación y el resultado será más uniforme.

MASCARILLAS DE ARCILLA

Un subtipo de mascarillas *wash-off* son las mascarillas de arcilla. La arcilla es nuestra aliada de belleza gracias a sus propiedades calmantes y purificantes. En mascarillas faciales y envolturas corporales, la arcilla actúa como un exfoliante natural que limpia y favorece la regeneración de la piel.

¿Sabías que hay arcillas de diferentes colores y cada una tiene sus propias cualidades? La arcilla contiene gran cantidad de minerales, como hierro, aluminio, calcio, silicio, magnesio, sodio, potasio, calcio, zinc... y según la concentración mineral predominante, adquirirá un tono diferente. Por ejemplo, la arcilla caolín rosa y la calamina son las responsables del tono rosado de la Pink Clay & Rose Pore Cleansing Mask de Ondo Beauty 36.5. Si tienes la piel grasa, disfrutarás el doble de este tipo de mascarillas, ya que la arcilla actúa como seborregulador y absorbe el exceso de sebo que produce nuestra piel, ayudando a limpiar la suciedad acumulada en los poros.

Estas mascarillas se aplican tras la limpieza facial y de forma homogénea. Cuando veas que la arcilla cambia de color y se seca, usa un *mist*: ¡No dejes que se deshidrate del todo! Transcurrido el tiempo de aplicación, retíralas con abundante agua y disfruta de una piel mucho más suave y limpia.

ELIGE TU PRÓXIMA FOTOPROTECCIÓN

La clásica protección solar que sirve para todo tipo de pieles, edades, afecciones y exposiciones está obsoleta. Hoy en día hay miles de opciones a la hora de elegir una fotoprotección. Sabemos que es complicado y crucial seleccionar un protector solar, ya que es un producto que hemos de aplicar con asiduidad y con el que es muy importante que nos sintamos cómodas. Para elegirlo, será muy útil que tengas en cuenta estos aspectos que te detallamos a continuación.

TIPO DE PIEL: Hoy en día hay protectores solares específicos para pieles sensibles. Están diseñados para que tu piel tolere la fórmula perfectamente, aunque tenga una tendencia sensible. También existen los protectores solares pensados para pieles grasas, que suelen dejar una película mate para evitar la aparición de brillos. ¡Incluso hay protectores solares especiales para la piel infantil!

FACTOR DE PROTECCIÓN: ¿Cuánto quieres proteger tu piel? Deberás elegir cuál es el factor de protección que te interesa. Te recomendamos que nunca sea inferior a SPF30 en invierno (en otras latitudes, consultar el índice UV te servirá de guía). Sin embargo, ¡hay otros factores de protección! Ten en cuenta que la protección UVA no es la única que perjudica nuestra piel.

FORMATO Y TEXTURA: En la actualidad, puedes encontrar muchos más formatos de protección solar que una mera crema. Existen brumas con protección solar, aceites, polvos de maquillaje, *sticks* o *cushions*. No hay excusa para olvidarnos de este paso tan vital en una rutina.

MOMENTO DE USO: ¿Lo necesitas para un día de playa? ¿Para practicar deporte? Si es así, puede que te interese saber que hay protectores solares resistentes al agua y al sudor (*waterproof*).

¿Quieres usar la protección antes del maquillaje? Entonces busca protectores solares con efecto *soft focus* a modo de prebase de maquillaje, que ayudan a dar un toque luminoso a la piel y a que el maquillaje que apliquemos *a posteriori* se asiente mejor y quede más uniforme.

ENCUENTRA TU FOTOPROTECCIÓN CON COLOR

Elegir un producto para unificar el tono de la piel puede ser muy difícil. ¿Quieres que sea de alta cobertura o que solo tenga un poco de color para dar homogeneidad? ¿Con protección solar o sin ella? Encontrarás bases de maquillaje, protección solar con color o fotomaquillaje en formato *cushion*, *BB cream*, *CC cream*... ¡Es todo un mundo! Así que vamos a ayudarte a conocer las diferencias entre los productos más populares.

No olvides que durante el día, y tengan protección o no, deberás aplicar estos productos sobre una capa de protector solar sin color en la cantidad adecuada para asegurarte de estar protegiendo tu piel correctamente. La cantidad de protector solar que necesitas es mucho mayor a la cantidad de BB, CC o base que utilizarías para obtener un acabado bonito en la piel, por lo que tendemos a usar menor cantidad de la necesaria.

BB CREAM

Probablemente ya hayas probado una, porque ¡hace tiempo que se crearon! Las *BB creams* llegaron de la mano de las coreanas y causaron furor en todo el mundo. *BB cream* significa *beauty balm* («bálsamo de belleza») según las gurús de belleza. De este producto se elogia su capacidad para igualar el tono de la piel y corregir imperfecciones, además de incluir un filtro de protección solar, por lo general medio o alto.

Para usar una *BB cream* como —casi— una profesional, aplica una pequeña cantidad en la frente, las mejillas, la nariz y la barbilla, y mézclala con los dedos, con una esponja húmeda o con una brocha para base. Si prefieres un *look* de maquillaje ligero y minimalista, pero con un poco más de cobertura que una crema hidratante con color, ¡es tu producto! ¿Has probado el *cushion* I'm Velvet Skin Fit de Suntique? Es una *BB cream* en un formato muy práctico para llevar a todas partes.

CC CREAM

La *CC cream* se conoce también como «correctora de color» o «control de color». La diferencia entre la *CC cream* y la *BB cream* suele radicar en la textura: mientras que las cremas CC tienen una textura más ligera que las cremas BB, aún permiten una cobertura similar a la de una base. El concepto detrás de una buena crema CC es igualar las manchas, el enrojecimiento o la hiperpigmentación de la piel a través de ingredientes para calmar las rojeces y promover la luminosidad. Tiene cualidades de corrección de color que pueden hacer que se adapte mejor a las personas que necesitan un poco más de equilibrio de color.

La *CC cream* puede aplicarse de la misma manera que una *BB cream*, pero también funciona bien como una prebase en caso de que quieras más cobertura: te permitirá igualar completamente el tono de la piel y agregar beneficios antienvejecimiento e hidratantes.

BASE DE MAQUILLAJE CON SPF

¿Prefieres una cobertura alta? Opta por la base, que está pensada para mejorar el tono de la piel y, al mismo tiempo, camuflar las imperfecciones. Las bases de maquillaje del pasado eran conocidas por ser espesas y pegajosas en la piel, pero las fórmulas actuales poseen una variedad sorprendente.

Tradicionalmente, la base suele tener una consistencia más espesa que las *BB creams* y *CC creams*, pero hoy en día el mercado está repleto de distintas coberturas, acabados y, lo que a veces es más importante: ¡tonos! Por lo general, las cremas BB y CC suelen tener un rango de tonos muy limitado, mientras que las bases están disponibles en muchas más tonalidades: claras, oscuras, con subtono frío, subtono neutro o subtono cálido. ¿Cuál es el posible contra que podemos verle a las bases de maquillaje? Pues que suelen ser muy limitadas en cuanto a tratamiento y no suelen incluir un factor de protección solar alto.

¿CUÁL PRODUCTO FOTOPROTECTOR CON COLOR ELIJO?

Si dudas acerca de los aspectos clave en los que deberías fijarte a la hora de elegir una base de maquillaje eficaz, ¡te lo ponemos fácil! Deberás tener en cuenta lo siguiente:

- Cobertura
- Acabado
- Tono
- Fórmula

La cobertura de la base y el acabado pueden ser preferencias muy personales, mientras que el tono y la fórmula tendrán que ver con cómo es realmente nuestra piel, de forma objetiva.

La cobertura hace referencia a lo mucho —o poco— que cubre nuestra piel y esconde nuestras imperfecciones. Suele clasificarse en: cobertura alta, cobertura media y cobertura baja o ligera.

La *BB cream* posee intrínsecamente una menor cobertura que las bases estándar, pero su textura es más espesa que una crema hidratante con color: si buscas una ligera uniformidad del tono de la piel sin sentir la pesadez de una base, es la mejor opción. En cambio, si quieres que cubra cualquier mínimo desequilibrio de despigmentación, te aconsejamos una base de maquillaje o una *CC cream*. Por lo general, las *BB creams* tienen una cobertura media o ligera, y en las *CC creams* es variable.

El acabado suele confundirse con la cobertura, pero no tiene nada que ver. Aquí tienes que hacerte la siguiente pregunta: ¿Cómo quiero que se vea mi piel una vez que haya aplicado mi base? ¿Luminosa, mate o natural? Dependiendo de tus preferencias, podrás elegir un acabado más *glow* o luminoso, y probablemente te sentirás muy cómoda con este acabado si tienes la piel normal, seca o apagada. Si tienes la piel grasa o no te gustan los brillos faciales, probablemente disfrutes más con una base de maquillaje con acabado mate.

El tono suele verse supeditado a la oferta del mercado. Por suerte, cada vez más son las marcas que apuestan por un rango extenso de tonos y subtonos, aunque es posible que tengas que elegir una base de maquillaje si tu piel no es clara. ¿Por qué? Las cremas BB y CC, originarias de Asia, suelen tener un rango de tonos típico de las preferencias culturales de las asiáticas: muy claro.

Finalmente, hazte la siguiente pregunta: ¿quiero que mi base de maquillaje me aporte tratamiento? Si es así, deberás fijarte bien en el listado de ingredientes que menciona. Si quieres una función hidratante, antioxidante o calmante, probablemente tendrás más éxito con una crema BB o CC.

CONSEJOS PARA COMPRAR (Y CONSERVAR) MEJOR

Tradicionalmente, nuestra forma de conocer nuevos productos de cosmética se resumía en acudir al *stand* de la marca que nos habían recomendado o habíamos visto en televisión a comprobar sus bondades. Incluso hay marcas que requerían que un representante se presentara de repente en la puerta de tu casa (recuerda la película *El joven manos de tijeras*).

Poco a poco, nuestros hábitos de consumo se han ido modernizando y se ha popularizado una forma muy cómoda de comprar cosméticos, que no implica tu presencia física: adquirirla a través de la red. La mayoría de las marcas ya disponen de sus propios *ecommerce* (tiendas *online*), en los que comercializan sus productos de forma directa, sin intermediarios. Sin embargo, admitimos que sin sentir las texturas ni los aromas de los productos puede hacerse verdaderamente difícil elegir entre la infinita variedad de productos que internet nos ofrece.

A continuación, te dejamos unos trucos para que te asegures una alta probabilidad de éxito en cualquier compra de cosméticos que realices, sea por el medio que sea.

- **LA CLAVE PRINCIPAL ES CONOCER TU PIEL Y SUS NECESIDADES, Y CUÁLES SON LOS PRODUCTOS BÁSICOS.** Con esto ya tienes mucho ganado. Esperamos que con la información de este libro puedas tener más claro qué le sería beneficioso a tu piel...
- **EN CASO DE DUDA, SIEMPRE ES DE UTILIDAD RECIBIR AL MENOS UNA ASESORÍA PERSONALIZADA POR PARTE DE UN ESPECIALISTA.** Dermatólogos, farmacéuticos, esteticistas y otros profesionales pueden poseer la formación, la experiencia y las herramientas para ayudarte a conocer tu piel y ajustar tu rutina cosmética a sus necesidades, tu presupuesto y tus circunstancias, siguiendo una estrategia e invirtiendo de forma inteligente. Dependiendo de tu caso será adecuada la consulta con un tipo de profesional u otro, ya que no es lo mismo una piel sana que necesite unos cuidados rutinarios o de mantenimiento que una piel con patologías que requieran atención médica.
- **DECIDE QUÉ TIPO DE COSMÉTICA ENCAJA MÁS CONTIGO Y EN QUÉ CANAL DE DISTRIBUCIÓN ES MÁS PROBABLE QUE LA ENCUENTRES.** ¿Te gustan los

productos muy sensoriales? ¿Prefieres fórmulas sin perfume? ¿Para ti es imprescindible que la marca se alinee con tus valores éticos? ¿Confías en marcas con una larga trayectoria o te sientes cómoda con marcas *indie*? ¿Te fascinan los empaques lujosos? ¿Es prioritario para ti que sea *low cost*? Son preguntas que puedes hacerte para determinar en qué establecimiento encontrarás más opciones para ti. Hoy en día, los límites entre los canales de distribución son cada vez más borrosos y productos que clásicamente solo se encontraban en uno se pueden encontrar en otros (por ejemplo, productos «de farmacia» en perfumerías, y viceversa). Como curiosidad, la cosmética coreana de MiiN Cosmetics incluye productos ¡de todo tipo! Más de farmacia, más sensoriales, más naturales...

- **NO TE DEJES GUIAR CIEGA E IMPULSIVAMENTE POR RESEÑAS DE *INFLUENCERS* EN REDES SOCIALES.** Muchas veces depositamos tanto nuestra confianza en personas que nos resultan agradables por diversos motivos que nuestra primera reacción es lanzarnos a adquirir los productos de los que han hablado positivamente. Nuestro consejo es que valores primero fríamente esta decisión: las reseñas de *influencers* forman parte de su trabajo (no necesitas cambiar de productos y probar otros nuevos con la misma frecuencia que ellas) y son siempre personales e intransferibles, ya que puede que, aunque un producto les haya funcionado estupendamente, este no se adapte a tus necesidades. Por el mismo motivo, trata de no decepcionarte si un producto del que hablan maravillas no te queda bien; no sería justo, ya que todos tenemos una piel diferente. Un consejo bastante útil es seguir a personalidades que compartan características de su piel, cabello, estilo de vida, etc., contigo, o se dediquen a analizar una amplia gama de productos, ya que es más probable que ahí encuentres información de tu interés. Pero, al final, siempre ten en cuenta de que se tratará de un ensayo/error.

CUENTAS QUE TE RECOMENDAMOS EN INSTAGRAM

Raquel Marcos **@cosciencia**	Marta Bel **@heyratolina**	Alma Gallego **@elmundodealma**
Ana Santamarina **@s.a.n.t.a.m.a.r.i.n.a**	Mari Carmen Higueras **@marikowskaya**	Leticia Sánchez **@mycrazymakeup**
Gema Herrerías **@gemaherrerias**	Cristina Carvajal **@caldesnud**	Marta Isern **@emeisern**
Natalia Jiménez **@dra.nataliajimenez**	Micaela Brotons **@inside_cosmetics**	
María Catalá **@mariacatala**	Ana Aparichi **@anaaparichi**	

- **NO TE DEJES ARRASTRAR POR LA PUBLICIDAD DE LA MARCA DE MODA QUE VEAS UNA Y OTRA VEZ EN REDES SOCIALES.** Que te salten las alarmas por un exceso de visibilidad y comentarios positivos no es de extrañar: indica que la marca está realizando una gran inversión en marketing y podría implicar que quizá esté censurando los comentarios neutrales y negativos.
- **TEN CLARO QUE LA CALIDAD Y LA EFICACIA DE UN PRODUCTO NO VAN DIRECTAMENTE EN FUNCIÓN DEL PRECIO** y que, por lo tanto, no porque un producto sea menos económico va a funcionarte mejor (ni a la inversa). Hay productos más y menos interesantes en todos los canales y en casi todos los rangos de precio, aunque admitimos que es complejo diferenciarlos si no eres especialista. Este punto lo tratamos con mayor profundidad más adelante.
- **ES CONVENIENTE MANTENER UNAS EXPECTATIVAS REALISTAS.** No dejes que tu mente se nuble a causa de *claims* demasiado optimistas en sus promesas, ya que ningún cosmético hará que tu piel retroceda diez años en el tiempo. Los resultados más chocantes de «antes y después» se consiguen normalmente con tratamientos más invasivos, como la medicina estética, o se deben a un retoque fotográfico. Sin embargo, puedes prestar atención a *claims* sobre la textura, el aroma o el tipo de piel al que va destinado el producto, ya que te serán muy útiles en tu decisión.

- **NO TE OBSESIONES CON LAS LISTAS DE INGREDIENTES.** Es muy cierto que estas son útiles para identificar ingredientes que te puedan interesar por las necesidades de tu piel o, por el contrario, ingredientes que quieras evitar por tener alergia a ellos. Sin embargo, si no eres especialista en cosmética, es complejo que a partir de una lista de ingredientes puedas determinar si un producto es adecuado para ti o inferir los porcentajes de ingredientes que contiene.
- **HUYE, EN GENERAL, DE APLICACIONES Y PÁGINAS DE «ANÁLISIS COSMÉTICO».** Actualmente disponemos de muchísima información en internet, pero lamentablemente no toda es fiable. El escrutinio obsesivo de las listas de ingredientes, originado a partir de rumores que se extienden de boca en boca, nos ha llevado a rechazar nombres INCI de los que ni siquiera comprendemos su estructura molecular o sus peligros... También nos ha llevado, irónicamente, a depositar una fe ciega en aplicaciones que, aun desconociendo porcentajes en las fórmulas y sin comprender sus creadores ni colaboradores los datos toxicológicos que en ellas mismas se comparten, pretenden «analizar» (sin éxito) listas de ingredientes y evaluar la seguridad de los productos por medio de clics de forma simplista, asignándoles un código de colores. Recuerda que el «trabajo» de estas aplicaciones lo realizan, por ley y de manera profesional, científicos especializados antes de la puesta en el mercado de los productos, que siempre sabrán más que cualquier *app*.
- **¡LEE LIBROS SOBRE COSMÉTICA ESCRITOS POR ESPECIALISTAS!** La información es poder y nos ayuda a analizar el mundo de una manera más objetiva y sin miedos infundados. Te recomendamos, para comenzar, *Belleza con ciencia*, de Raquel Marcos; *Inteligencia cosmética*, de Cristina Carvajal, y *La guía definitiva del cuidado de la piel*, de Gema Herrerías, aunque existen muchos más.
- **DEJA EN LA CESTA *ONLINE* CUALQUIER COMPRA DE LA QUE NO ESTÉS COMPLETAMENTE SEGURA DURANTE AL MENOS VEINTICUATRO HORAS.** Esto se aplica a cosméticos, pero también a ropa, decoración y cualquier tipo de producto. Este truco mantiene el ansia viva bajo control e implica una reflexión más calmada y menos emocional sobre si la

inversión se ajusta a lo que necesitamos (quizá tengas otras prioridades en las que no habías pensado, o dispongas ya de productos similares). Una vez pasadas esas veinticuatro horas, si todavía estás convencida de realizar la inversión, ¡adelante!

- Una vez comprados, **PERMÍTES A TUS COSMÉTICOS EL TIEMPO NECESARIO PARA DETERMINAR SI TE ESTÁN FUNCIONANDO O NO** como desearías antes de cambiar de productos. Necesitarás, como mínimo, un mes (en algunas ocasiones, hasta seis meses o un año).

¿CÓMO COMPRAR COSMÉTICOS EN EL EXTRANJERO Y ACERTAR?

Antes de un viaje, te recomendamos que dediques unos minutos a ver qué tiendas de cosméticos y qué marcas puedes encontrar especialmente en tu lugar de destino... ¡sobre todo si te encanta el mundo de la belleza! Obtener productos de belleza especiales y autóctonos es un recuerdo muy bonito de esa visita y, además, un *souvenir* excelente para tus amigas.

Sin embargo, puede que te ocurra que no dispones de información previa de esa tienda o productos, o que no entiendes el idioma. Puede que la etiqueta tampoco esté en un idioma familiar al tuyo... ¡Qué pena sería comprar algo que realmente no es para nosotras!

Como expertas y *beauty freaks*, tenemos un consejo para ti. En el mundo de los cosméticos existe un código de colores genérico, que ¡se cumple la mayoría de las veces! Los productos que tienen un empaque de color azul suelen ser hidratantes, mientras que los reafirmantes y antienvejecimiento suelen ser violetas, dorados o plateados. En cuanto al color verde, suele asignarse a productos astringentes o calmantes, perfectos para pieles sensibles, acneicas y con otras imperfecciones. Aquellos con envase amarillo, suelen ser productos suaves y para pieles muy delicadas, mientras que los naranjas, por su aproximación a los cítricos, suelen ser iluminadores.

Otra de las opciones, si tienes la costumbre de leer los nombres de ingredientes cosméticos INCI, es precisamente revisar el empaque y buscar aquellos ingredientes clave que quieres que tenga el producto. Al fin y al cabo, es una nomenclatura universal y siempre estará en latín.

> **Consejo de expertas:** si todo esto falla, busca varias opiniones sobre ese producto en tu idioma a través de internet. Intenta que sean valoraciones verificadas a través de compras.

¿POR QUÉ HAY PRODUCTOS CON PRECIOS TAN DISPARES?

¿Alguna vez has pensado que la crema del súper de menor precio no puede ser tan eficaz como una que vale diez veces más? Tranquila, no eres la única en juzgar un producto por su precio.

Lo cierto es que son muchos los factores que influyen en el precio de un producto cosmético. Probablemente te sorprendería saber que un producto muy parecido de dos marcas distintas puede tener gran diferencia en su precio de venta al público.

Las comparaciones son odiosas, pero no podemos pasar por alto esta afirmación: que un producto sea más caro no significa que sea mejor, más seguro o más eficaz que otro. Por lo general, el precio de un producto depende de la calidad, la materia prima, la procedencia, la cosmeticidad y, sobre todo, el marketing. Por calidad entendemos la efectividad de la fórmula según lo que promete.

Si hablamos de materia prima, tenemos que hablar de qué ingredientes contiene y en qué porcentaje se utilizan en la fórmula. ¿Qué grado de pureza tienen? ¿Qué nivel de dificultad tiene obtenerlos, conseguirlos o crearlos? Asimismo, tenemos que fijarnos en el envase: un empaque de plástico blanco es mucho más económico que uno de vidrio reciclado con etiqueta reciclada y tinta de soya.

También hay que ver de dónde proviene ese producto. Si hay muchos kilómetros desde el lugar de producción del producto hasta tu casa, es normal que haya un sobrecosto en el transporte de ese producto, ya que hacerlo llegar hasta ti implica un viaje más largo, unos controles en frontera exhaustivos, una inversión en la conservación óptima de ese producto y a veces incluso un cambio de fórmula. Es lo que pasa, por ejemplo, con la cosmética coreana: ¿sabías que hacerla llegar a tu país es un proceso muy costoso?

La cosmeticidad es uno de los puntos más determinantes a la hora de establecer un precio para ese producto. Ese término hace referencia al hecho de tener una buena experiencia a la hora de aplicarlo. Engloba el perfume del producto, la textura, el color y la sensación de la piel una vez aplicado. ¿Es agradable utilizar ese producto? Por lo general, las marcas cosméticas de lujo suelen invertir muchos recursos en una fragancia exquisita, una textura envolvente y superagradable y un color apetecible a la vista.

Finalmente, está el marketing de la marca. Los valores que hay detrás, las causas sociales a las que apoya, la gente con la que se relaciona, la forma que tiene de darte ese producto, la exclusividad de sus tiendas, las profesionales o *influencers* a las que contrata para que nos hagan llegar el mensaje de la marca o las impresiones del producto, y un largo etcétera. La publicidad y el universo que envuelve esa marca muchas veces nos hace decidirnos a la hora de elegir un producto y determina gran parte de su precio.

Habitualmente, elegir un producto deja de ser una acción puramente racional. Es una declaración de intenciones. Más allá de si ese producto me hidratará la piel o tratará mis manchas, por ejemplo, me planteo: ¿cuál será mi experiencia al aplicarlo? ¿Cómo quiero sentirme cada vez que me cuido la piel?

> **Consejo de expertas:** antes de comprar un producto y fijarte en el precio, hazte la siguiente pregunta: ¿es suficiente que este producto funcione? ¿Quiero sentirme especial usándolo? ¿Quiero apoyar alguna iniciativa social o medioambiental con ello?

¿CÓMO CONSERVAR TUS PRODUCTOS?

Te ponemos en situación: has perdido tu lápiz labial favorito en el fondo de una bolsa y, años después, ha aparecido milagrosamente; o lo ha encontrado mamá, porque las madres lo encuentran todo. O te han propuesto de repente un fin de semana en la playa y todavía te queda un resto de protector solar de la temporada pasada. O incluso has querido alargar la vida de esa máscara de pestañas reseca con un poquito de aceite de ricino.

Estas son las claves que te ayudarán a saber si ese producto ha caducado:

LA FECHA DE DURACIÓN MÍNIMA (BBE) HA EXPIRADO. Comúnmente se denomina «fecha de caducidad» de un producto. Es el tiempo exacto durante el cual el producto es estable tras su fabricación. Se indica en el etiquetado la fecha, acompañada por el símbolo del reloj de arena o precedida por la frase «*best before end of*» o «Exp.». ¡Ojo! No te confundas con la fecha de fabricación, que suele llevar la palabra «Lote», «Lot.» o «*Batch*».

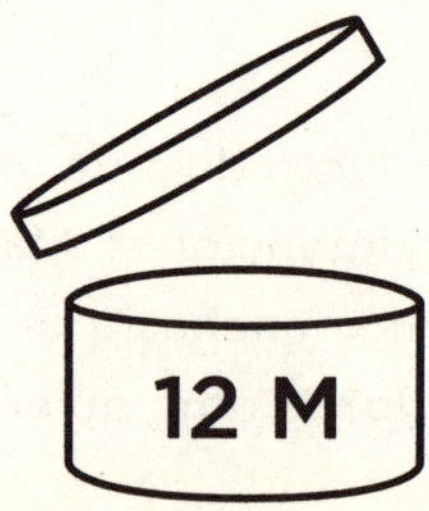

LLEVA MÁS TIEMPO ABIERTO DEL RECOMENDADO. Cuando la fecha de duración mínima es superior a treinta meses, se suele reemplazar por el PAO. El PAO o *period after opening* es el plazo durante el que el producto será estable, pero ya no desde su fabricación, sino desde su apertura. Para que tengas una orientación estimada, este es el PAO habitual de los cosméticos:

TIPO DE PRODUCTO	BBE/PAO ORIENTATIVO
Mascarillas de celulosa y muestras monodosis	**DE USAR Y TIRAR**
Productos en contacto directo con los ojos (delineador de ojos, máscara de pestañas)	**1-6 MESES**
Productos para el contorno de ojos o para menores de 3 años	**6-12 MESES**
Productos de protección solar	**12 MESES**
Hidratantes faciales y corporales	**12-18 MESES**
Aceites	**1-6 MESES**
Limpiadores acuosos y tónicos	**12-18 MESES**
Labiales	**12-36 MESES**

SU OLOR, COLOR O TEXTURA HAN CAMBIADO. Aunque no haya expirado y lleve abierto poco tiempo, si el producto se ha sometido a alguna particularidad (por ejemplo, calor o frío extremos, luz directa constante o contaminación por algún microorganismo) puede cambiar. Es una señal para que te deshagas de él.

> **Consejo de expertas:** en MiiN sabemos que es complicado recordar cuándo abriste un producto y para ello siempre te surtimos de etiquetas donde puedes escribir la fecha de apertura y pegarla al producto.

¿QUÉ PASA SI ME APLICO UN PRODUCTO QUE YA HA CADUCADO?

Es posible que si un producto ya ha caducado, no conserve las propiedades adecuadas, con lo cual no estarías proporcionando a tu piel los activos con la eficacia que deseas. Pero lo peor es que tras este plazo se multiplica la probabilidad de que el producto contenga una carga de microorganismos peligrosa para tu salud. Esto es especialmente importante en productos para ojos y contorno de ojos, bebés, personas inmunodeprimidas, etc.

Tras la fecha de caducidad indicada, no es posible garantizar que el producto sea estable y el laboratorio no tiene la responsabilidad legal de hacerse cargo de cualquier reacción adversa causada por este mal uso.

Consejo de expertas: compra tus cosméticos cuando estés cerca de consumir tu producto anterior. De este modo evitarás la acumulación de productos en tu estante y que caduquen sin haberlos disfrutado. Esta, además, es una práctica supersostenible.

¿PUEDO CONSERVAR LOS PRODUCTOS EN EL REFRIGERADOR?

Las hemos visto de todo tipo: rosas, pequeñas, con etiquetas lindísimas. Muchas gurús de belleza almacenan sus productos de belleza y accesorios dentro de pequeños refrigeradores. Ha sido tal la moda que nos hemos planteado integrar uno en nuestra casa, pero vamos a hacernos la pregunta clave: ¿está bien almacenar los productos de belleza en el refrigerador?

Algunos productos ricos en antioxidantes podrían beneficiarse de ser guardados en el refrigerador. De hecho, es habitual que un sérum de vitamina C pura termine oxidándose al cabo de unas semanas desde su apertura y adquiera un color anaranjado y una fragancia muy característica, lo cual reduce su eficacia. Esto se debe precisamente al contacto con la luz solar y a la temperatura. Los productos ricos en derivados de la vitamina A, como el retinol y la vitamina C pura, suelen ser muy sensibles a la exposición solar y al calor, y pueden mejorar su estabilidad en un entorno oscuro y fresco, como el refrigerador. Pregunta siempre al fabricante si sería adecuado conservarlos así.

¿Y qué hay de los productos pensados para rebajar las bolsas de los ojos? ¡En este caso sí! Los parches de hidrogel y los contornos de ojos pueden adquirir otro nivel de eficacia en un entorno frío, ya que es un elemento que ayuda a despertar y deshinchar el aspecto de la piel. Lo mismo sucede con las mascarillas de tejido. Puedes almacenarlas en el refrigerador para una sensación de frescor extra. Es el final perfecto para un día de playa. Prueba este truco con los Caffeine & Green Tea Antioxidant Eye Patches y cualquier mascarilla de tejido de Ondo Beauty 36.5. ¡Notarás la diferencia!

Puedes guardar también la mayoría de los accesorios de belleza: *jade rollers*, piedras Gua Sha para masajes faciales, mascarillas de gel o antifaces... Cuando los aplicamos fríos —o mejor dicho, frescos— y realizando un masaje correcto, pueden ayudar a desinflamar y a estimular el drenaje linfático (reduciendo, por tanto, la hinchazón), así como el flujo sanguíneo de la zona, lo que termina dejando la piel más brillante y luminosa.

Sin embargo, hay un tipo de productos para los que no se aconseja, *a priori*, su conservación en el refrigerador: los que contienen un gran porcentaje de aceites. Es muy importante que no los guardes en un entorno frío, ya que a bajas temperaturas se pueden separar sus fases (agua y aceite) o solidificar alguno de sus componentes, y la estabilidad del producto se resiente. Nos referimos a los aceites faciales, pero también a los desmaquillantes oleosos, bálsamos, cremas, etc.

03

DETRÁS DE LA ETIQUETA

La etiqueta es
una ventana traslúcida
que permite entrever qué
hay tras el producto.

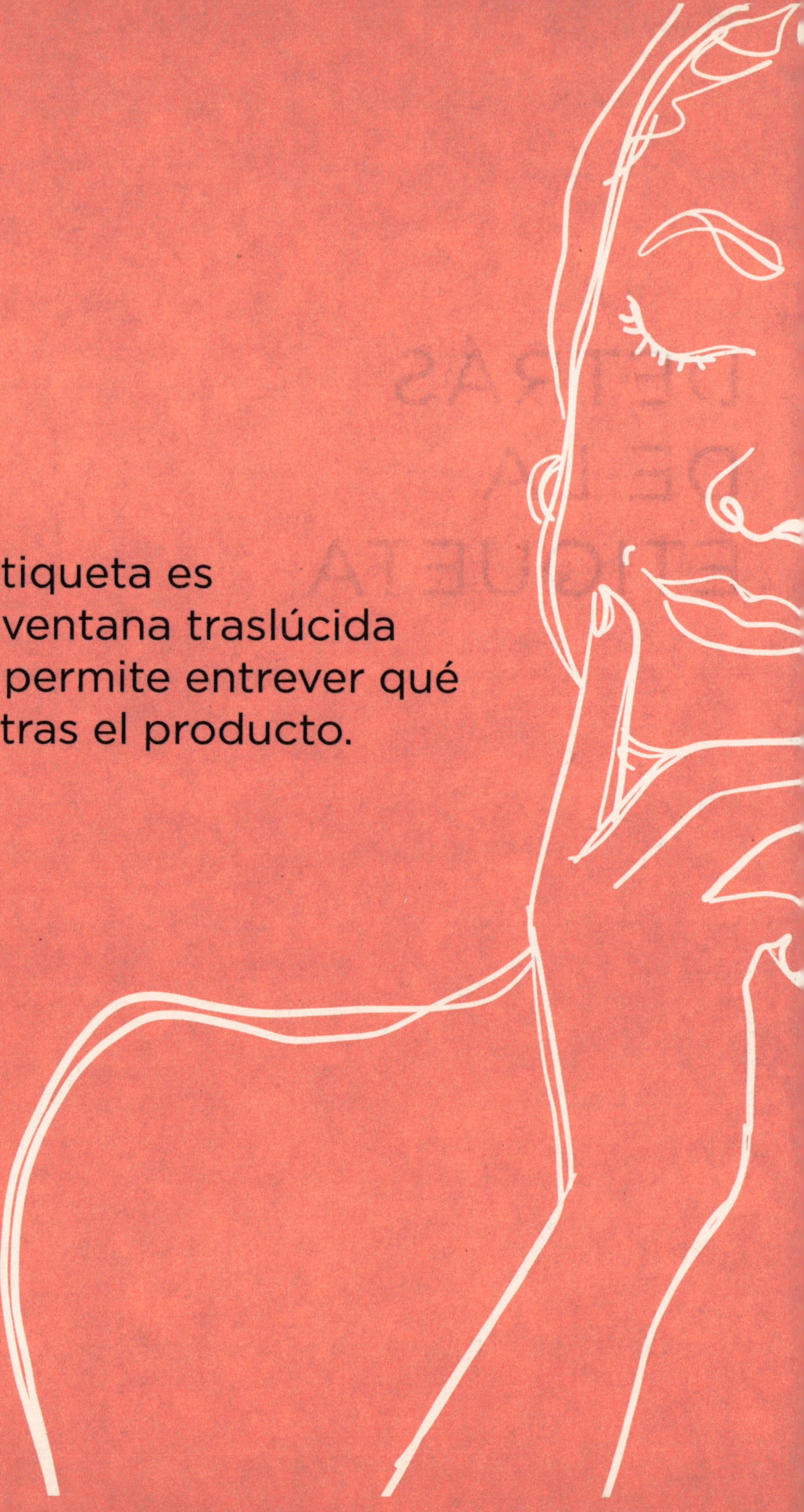

Llegamos a uno de los capítulos más importantes y poco frecuentes en los libros sobre productos de belleza: vamos a hablar de todo lo que hay detrás de la etiqueta. Queríamos dedicarle este espacio a la regulación, al etiquetado y a la publicidad de los cosméticos para que puedas ser más consciente de todas las opciones que nos rodean y puedas tomar decisiones más informadas.

Cuando hablamos de secretos de belleza, no solamente nos referimos a los trucos y a las nuevas técnicas que emergen para facilitarnos el uso de productos. También queremos darte pistas y mostrarte objetivamente toda la información (fidedigna y no tanto) que hay detrás de la industria cosmética. ¿Son seguros todos los cosméticos? ¿La cosmética natural es mejor? ¿Por qué nos han hecho creer que algunos ingredientes son tan malos?

Aquí aclararemos conceptos desde una perspectiva regulatoria, descubriremos algunos mitos que se han quedado en la cultura popular de los cosméticos y hablaremos de todo el proceso de creación y desarrollo de un producto de belleza.

¿CÓMO SE DESARROLLA UN COSMÉTICO?

¿Alguna vez te has preguntado cómo es el proceso de creación de un cosmético? Vamos a contarte un poco acerca de la aventura tan compleja, y a su vez gratificante, que es desarrollar un producto desde cero. Todo este proceso puede durar bastante tiempo; es muy habitual que se alargue alrededor de un año o más.

01.

El departamento de marketing o I+D propone ideas de productos, ingredientes, funciones, etc. Se elabora un *briefing* que contiene toda la información necesaria para que se formule un producto que posea las características requeridas.

02.

El departamento de I+D desarrolla la formulación de este producto. Se elaboran tantas muestras como sean necesarias hasta conseguir la textura, el aroma, el color, el pH... perfectos.

03.

Se selecciona la muestra ideal y se realizan los tests pertinentes para determinar si el conservador protege la fórmula, si esta será estable en determinadas condiciones, cuál es su fecha de caducidad, si cumple los *claims* que se requieren... A su vez, se suele desarrollar el diseño y las artes finales del empaque, y a continuación este se produce.

04.

El departamento de Asuntos regulatorios recaba toda la información de los anteriores departamentos y realiza todas las acciones para evaluar la seguridad del producto y para garantizar su lanzamiento en los diferentes mercados de manera legal. ¡Se maneja muchísimo papeleo!

05.

Desde el departamento de producción se realiza el escalado industrial de la fórmula (pasar de una fórmula hecha en laboratorio a fabricarla a gran escala), y se fabrican y envasan graneles de la misma, que más tarde serán analizados por el departamento de calidad para verificar que cumplen los estándares requeridos. ¡Ya tenemos el producto!

06.

En caso de producirse en otro país, se realiza la importación del producto. Desde aquí, ya está preparado para distribuirse y comercializarse.

Cada marca es un mundo, así que dispondrá de los departamentos que te describimos más arriba u otros distintos. Quizá puede optimizar los procesos de otras formas para ahorrar costos y tiempo.

Un dato curioso es que no todas las marcas de cosméticos cuentan con una fábrica propia. Muchos fabricantes se dedican, exclusivamente o no, a producir cosméticos para sus diferentes clientes (que serían las marcas), poniendo a su disposición sus instalaciones, su soporte regulatorio, sus recursos de marketing, etc. Estos clientes pueden ser, por ejemplo, *celebrities* que eligen de entre el catálogo de fórmulas del fabricante y las envasan en un empaque con su etiqueta, o bien solicitan elaborar fórmulas más personalizadas.

En MiiN Cosmetics tenemos el honor de contar con dos marcas propias: Ondo Beauty 36.5 y Meisani, ambas con fórmulas ideadas en Barcelona por nuestro equipo y adaptadas a un consumidor global y diverso, pero producidas en colaboración con fabricantes *top* en uno de los países con más experiencia en cosméticos, Corea del Sur.

¿QUÉ ES (Y QUÉ NO ES) UN COSMÉTICO?

Hasta ahora hemos hablado extensamente de cosméticos, pero no hemos definido qué son exactamente. Quizá te sorprenda saber que, a nivel regulatorio, un cosmético es mucho más de lo que pensabas. La definición oficial de «producto cosmético» es la siguiente:

> *Toda* ***sustancia o mezcla*** *destinada a ser puesta* ***en contacto con las partes superficiales*** *del cuerpo humano (epidermis, sistema piloso y capilar, uñas, labios y órganos genitales externos)* ***o con los dientes y las mucosas bucales, con el fin exclusivo o principal*** *de limpiarlos, perfumarlos, modificar su aspecto, protegerlos, mantenerlos en buen estado o corregir los olores corporales.*[1]

Como ves, para que un producto se considere un cosmético debe cumplir tres requisitos:

- **LA NATURALEZA:** debe ser una sustancia o mezcla.
- **EL LUGAR DE APLICACIÓN:** debe aplicarse sobre las partes superficiales, dientes o mucosas bucales.
- **LA FUNCIÓN:** debe tener el objetivo exclusivo o principal de limpiar estas partes, perfumarlas, etc., y estas deben estar claramente indicadas en el envase.

El concepto de cosmético incluirá, por ejemplo, productos tan diversos como, por supuesto, los relacionados con el *skincare*, el maquillaje, las toallitas limpiadoras (la fórmula impregnada en ellas), algunos geles hidroalcóholicos para las manos, el pegamento de pestañas postizas (aunque no las pestañas en sí) o algunos dentífricos. Y quedarán excluidos, por ejemplo, productos que tengan:

- **UNA NATURALEZA DISTINTA A LA DE SUSTANCIA O MEZCLA:** pestañas postizas, piedra pómez, muselina desmaquillante, Gua Sha o *jade rollers* no serían cosméticos, ya que no son sustancias o mezclas.
- **LUGARES DE APLICACIÓN DISTINTOS A LOS INDICADOS:** lubricantes que entren en contacto con la mucosa vaginal, gotas para los ojos, gominolas para el crecimiento capilar, etc.
- **FUNCIONES MUY ALEJADAS DE LAS INDICADAS:** productos que reivindi-

1 Capítulo 1, Artículo 2, Reglamento (CE) 1223/2009 del Parlamento Europeo y del Consejo, de 30 de noviembre de 2009 sobre los productos cosméticos.

quen «tratar enfermedades» o «eliminar seres vivos» (por ejemplo, antiacné, productos para la psoriasis, antibacterianos...) serían algunas reivindicaciones de función de los productos no válidas.

COSMÉTICOS FRENTE A MEDICAMENTOS

Hoy en día (¡por suerte!) podemos encontrar la misma marca en muchos puntos de venta que, *a priori*, pueden parecerte muy distintos entre sí. La crema que solo encontrabas en la farmacia de referencia puede estar en muchos sitios más: en perfumerías, en internet, en un supermercado o en una perfumería *duty free* del aeropuerto.

Sin embargo, tus tratamientos faciales pueden dividirse en dos grandes grupos según su procedencia: medicamentos o productos sanitarios tópicos (a los que podríamos llamar, para mayor agilidad, «productos farmacéuticos») y productos cosméticos. Esta distinción se aplica en diversos países. En algunos de ellos, como Corea del Sur o Estados Unidos, realizan otras distinciones; por ejemplo, pueden considerar una categoría intermedia llamada *semi-drugs* o pueden considerar como medicamentos algunos productos que en la UE serían cosméticos.

Hablemos un poco más del primer gran grupo: los medicamentos o productos sanitarios tópicos. Los medicamentos o productos sanitarios tópicos no son cosméticos. Tanto su regulación como su fórmula se alejan de la cosmética y, aunque pueden llegar a cuidar aspectos estéticos, se centran en su mayoría en tratar patologías y afecciones, a veces complejas, que suelen requerir seguimiento médico: rosácea, acné inflamatorio, manchas, quemaduras o cicatrices, entre otros. En este tipo de productos no se ha acostumbrado, hasta el momento, a invertir tanto en la experiencia sensorial de su utilización (fórmula y empaque) como en su funcionalidad, aunque esto ha ido cambiando en los últimos años. Incluyen principios activos de eficacia comprobada en porcentajes suficientes, así como excipientes con una larga trayectoria de uso seguro, y suelen pasar por alto los *claims* cuya tendencia sí se sigue en la industria cosmética, como el origen natural o no de los ingredientes. Este tipo de productos sí pueden reivindicar el tratamiento de enfermedades. El proceso de autorización para su entrada en el mercado es mucho más costoso en términos de inversión en tiempo y dinero. Encontrarás estos productos en farmacias y, en muchos casos, únicamente se dispensan bajo prescripción médica, mientras que otros países, pueden disponer de medicamentos de venta libre.

Los productos cosméticos engloban la gran parte de tratamientos faciales que se anuncian en la televisión, en revistas y en internet. Son cosméticos aquellos productos de belleza que puedes encontrar en un supermercado o en una perfumería. También la cosmética comúnmente conocida como coreana, la cosmética natural/orgánica en un herbolario, etc. Asimismo, podrás encontrar cosméticos en farmacias, parafarmacias, clínicas médicas y centros de estética. Por lo general, se trata de productos con fórmulas que pueden diferir mucho entre sí, y suelen tener una experiencia de uso sensorial y placentera. Las marcas de productos cosméticos invierten en un empaque específico, fragancias, texturas y durabilidad de las fórmulas.

FUNCIONES DE LOS COSMÉTICOS

Ahondemos un poco más en el alcance de la definición de cosmético y en el posible mal uso que se le puede dar.

En una etiqueta de un cosmético se debe especificar cuál es su función real. Lo que puede parecer una obviedad es, a día de hoy, la asignatura pendiente de algunas marcas. Las reivindicaciones o *claims* que se realicen sobre los cosméticos no deberían, en principio, aventurarse mucho más allá de las que aparecen en la definición de cosmético si la marca no quiere arriesgarse a que su producto pueda considerarse un producto frontera u otro tipo de elaboración diferente a un cosmético (es decir, un producto sanitario o medicamento); además, la marca debe poder demostrar que los efectos prometidos se cumplen y justificar que no sobrepasan el límite de la cosmética. Para evaluar esto se han de considerar todas las características de un producto, como la concentración, la frecuencia de aplicación y el grado de penetración.

A modo general, los productos cosméticos de *skincare* ejercen su efecto principalmente en las células del estrato córneo, en la epidermis. Como vimos en el capítulo uno, este constituye la subdivisión más externa dentro de, a su vez, la capa más externa de la piel.

A veces podrás ver publicidad de cosméticos que se mueven en este terreno tan pantanoso a nivel regulatorio. Se encontrarían aquí los tratamientos cosméticos con reclamos publicitarios de compleja justificación que prometen tener un efecto más allá de la epidermis y modificar su fisiología: desde reparar el ADN de las células dérmicas hasta promover el crecimiento del pelo, estimulando la circulación de sangre y nutrientes hacia el folículo piloso, pasando por mejorar el aspecto de la celulitis, cuyo origen se sitúa en la hipodermis, como ya hemos visto. Aunque no podemos afirmar que esto sea del todo imposible, en la mayoría de las ocasiones en las que pretendamos tratar este tipo de condiciones necesitaremos recurrir a otras técnicas distintas a la aplicación de cosméticos para obtener una eficacia más visible, como la aplicación de productos sanitarios o medicamentos tópicos, o bien a otras más invasivas, como la medicina estética o la cirugía.

Como ya hemos visto, además, de acuerdo con la regulación vigente, los cosméticos no deben reivindicar de ciertas maneras el tratamiento o la solución de enfermedades cutáneas como el acné, la rosácea, el melasma o la dermatitis atópica. Ese es el trabajo de los medicamentos o productos sanitarios tópicos. Es importante que las marcas de cosmética cumplan la legislación para no confundir al consumidor ni ser desleales con su competencia. Hablaremos más sobre *claims* más adelante.

PENETRACIÓN FRENTE ABSORCIÓN DE LOS COSMÉTICOS

Como hemos indicado, los cosméticos actúan principalmente en las células de la epidermis. En principio, este hecho puede parecer chocante, ya que como clientas estamos inmersas en un océano de reclamos publicitarios quizá excesivamente optimistas o, como mínimo, algo confusas en cuanto al alcance del efecto de un producto cosmético. Cuando una campaña afirma que un producto «penetra en las capas profundas de la piel», suele estar indicando que los ingredientes hacen acto de presencia en capas más allá del estrato córneo, pero casi siempre se mantienen aún dentro de la epidermis.

Área de actuación de la mayoría de cosméticos.

Trataremos de explicarlo mejor más adelante, ayudándonos de un mito muy común (y de paso, desmontándolo). Estamos absolutamente seguras de que habrás leído en alguna ocasión que «la piel absorbe el 60 por ciento de lo que aplicamos sobre ella» o afirmaciones similares. Esto difícilmente podría ser más falso, ya que el dato se extrajo de un estudio que no reproducía condiciones realistas que se den en el escenario de la cosmética. Se emplearon solventes que alteran la barrera cutánea, como el tolueno o el xileno, de manera que la proporción de absorción calculada se multiplicaba respecto a lo que encontraríamos en los cosméticos. Piénsalo: si esta afirmación fuera cierta, ¡nos intoxicaríamos simplemente con utilizar gel hidroalcohólico! Como ya vimos en el capítulo uno, dos de las principales funciones de la piel son, precisamente, la protección y el aislamiento, funciones que este órgano ejecuta con excelencia.

Existe una regla estándar llamada Ley de los 500 Da, sugerida por algunos estudios, que, aunque contempla excepciones, afirma que para que una sustancia pueda atravesar la barrera de la piel necesita que su peso molecular sea inferior a 500 daltons. Un dalton es una unidad de medida de masa atómica que, indirectamente, se relaciona con el tamaño molecular. Es decir, cuanto mayor sea el peso («tamaño») de una molécula, menos posible le será llegar a las capas más profundas de la piel. Esta regla es una simplificación y existen muchas otras variables a que tener en cuenta.

En este punto debemos diferenciar los conceptos de penetración y absorción. Que un ingrediente «penetre» significa que es capaz de atra-

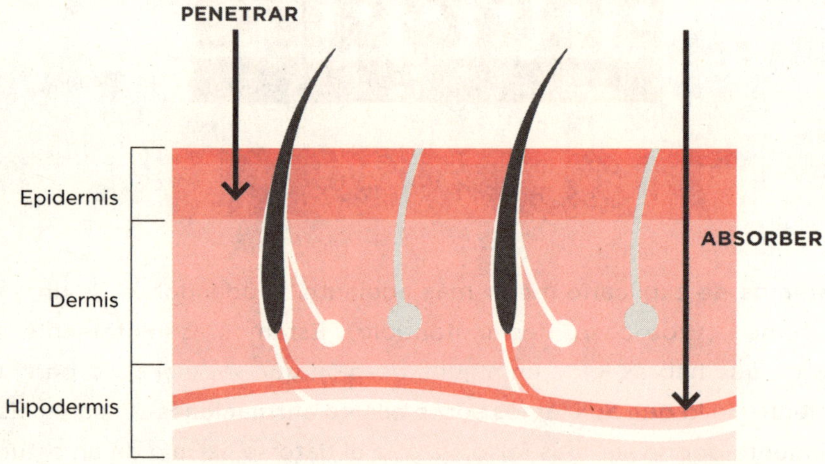

Penetración vs. absorción de cosméticos.

vesar el estrato córneo y alcanzar capas más profundas de la piel. La «absorción», sin embargo, implica que la sustancia se infiltra en el riego sanguíneo. Ni que decir tiene que si la mayoría de los ingredientes no son capaces de penetrar debido a la Ley de los 500 Da, no son tan comunes los casos de sustancias que muestren potencial de llegar al riego sanguíneo y, con ello, puedan distribuirse de forma sistémica, es decir, por todo el organismo.

Aun con todo esto, sabemos que algunas sustancias sí podrían mostrar un potencial para penetrar y quizá absorberse. De hecho, por este preciso motivo, el uso de muchas de esas sustancias se desaconseja, por simple precaución, en mujeres embarazadas. La cafeína, los retinoides, el extracto de alga *Fucus*... serían algunas de ellas. Los alérgenos que contienen los aceites esenciales y los perfumes son otros conocidos ejemplos de moléculas con un «tamaño» inferior a 500 Da que, al ser capaces de penetrar y distribuirse a través del riego sanguíneo, pueden desencadenar una reacción alérgica en otras áreas del cuerpo distintas a su lugar de aplicación, en caso de que la persona esté sensibilizada a ellos (de ahí su nombre «alérgenos»).

Una vez conocidas estas limitaciones, seguro que imaginarás que, muchas veces, el sueño de quienes se dedican a la formulación de cosmética es conseguir que algunos activos de interés tengan la capacidad de penetrar hasta las capas profundas, donde su efecto sería más apreciable.

La «vehiculización» de los ingredientes dentro de una fórmula se refiere a la manera en que la fórmula facilita o no la penetración de los ingredientes de interés hasta determinadas capas. Algunos ejemplos de estrategias para vehiculizar activos podrían ser:

- Estructuras moleculares como los liposomas, que son pequeñas vesículas de lípidos que protegen los activos complicados de estabilizar, como la vitamina C, y ayudan a su penetración y *delivery* en la capa de la piel indicada.

- Ajustes de pH (volviendo a la vitamina C, algunos estudios indicarían que su penetración sería óptima en determinados rangos de pH).
- La adición de ingredientes que favorecen momentáneamente la penetración, llamados *penetration enhancers*, o de otros ingredientes.

La vehiculización es compleja y requiere estudios e instalaciones muy avanzados, que no todas las marcas cosméticas pueden permitirse.

Como ves, no es tan fácil que los ingredientes cosméticos penetren ni se absorban. Algunas campañas muy desacertadas han sido las responsables de fomentar que el mensaje de que «la piel absorbe el 60 por ciento de lo que aplicamos sobre ella» se encuentre en la cultura popular del *skincare*; pero no por mucho repetirlo este mito se elevaría a la categoría de verdad. ¡Cuidado con la información falsa distribuida sin control en las redes sociales!

Algunos activos cosméticos, siempre que se vehiculicen de forma correcta, podrían tener la capacidad de penetrar hasta capas más profundas más allá de la epidermis y tener su diana de acción en ellas. Sin embargo, esto es muy controvertido y delicado, ya que un cosmético no debería «tener un impacto significativo sobre la fisiología normal de la piel y su función barrera» ni «restaurar, corregir o modificar funciones fisiológicas ejerciendo una acción farmacológica, inmunológica o metabólica».[2] Como hemos visto, es más probable que esto sea competencia de los productos sanitarios y los medicamentos tópicos, otros tipos de productos con unos objetivos muy diferentes y mucho más exigentes a nivel de tiempo y de inversión económica que aquellos aplicables a los cosméticos.

2 *Manual of the Working Group on Cosmetic Products (Sub-group on Borderline Products) on the Scope of the Application of the Cosmetics Regulation (EC) No 1223/2009 [Art. 2(1)(a)]* [«Manual del Grupo de Trabajo sobre Productos Cosméticos (Subgrupo sobre Productos "Frontera") acerca del ámbito de aplicación del Reglamento (CE) n.º 1223/2009 sobre productos cosméticos, artículo 2, apartado 1, letra a)», documento en inglés], versión 5.2 (septiembre de 2020).
Disponible en: https://ec.europa.eu/docsroom/documents/42850

CLAIMS: QUÉ SON Y QUÉ IMPLICAN

Ya lo veníamos analizando, pero vamos a profundizar en ello, dada su importancia. Un *claim* o reivindicación sería toda aquella característica que se reclama acerca de un cosmético, que resalta una o varias de sus cualidades o eficacia. Los *claims* suelen presentarse en el etiquetado del producto, pero también se incluye dentro de esta definición todo aquel mensaje en forma de texto, imágenes o símbolos que la marca comunique a través de distintos medios: sitio web, paneles publicitarios, televisión, redes sociales e incluso los *briefings* de producto que se envían a muchos *influencers* para que se sirvan de ellos como guion al publicitar la marca.

Los *claims* en cosmética están regulados por el Reglamento (CE) 1223/2009, la Regulación (CE) 655/2013 (la principal) y otras normativas que hacen referencia a la publicidad en general. Estas leyes dictan qué puede utilizarse como *claim* y qué no, y cómo deben estar justificados. Imagínate: si no existiesen, los mensajes publicitarios podrían llegar a no tener límites y a prometer resultados casi imposibles.

Existen varias guías realizadas por autoridades, como el *Technical Document On Cosmetic Claims*, que sugieren en más detalle hasta dónde podría llegar un *claim*. A pesar de que seguir esta guía como si tuviera la categoría de ley es una idea muy previsora para evitar problemas con las autoridades, lamentablemente no es vinculante y en algunos países se aplica con mayor rigor que en otros. La mala noticia derivada de esto es que sí, todavía encontrarás *claims* que no son correctos, como los que aluden a enfermedades como el acné, especialmente en los que se transmiten de forma *online* y efímera; las marcas se permiten mayores licencias en estos medios, ya que no son tan fáciles de detectar.

¿Quieres saber cuáles son algunos de los *claims* más utilizados?

- ***CLAIMS* QUE ALUDEN A INGREDIENTES, FUNCIONES Y EFICACIA DEL PRODUCTO:** hidratante, calmante, con extracto de aloe vera, «ayuda a mejorar las líneas de expresión en un 55 por ciento», «el 90 por ciento de los consumidores percibieron una mayor firmeza», SPF50+, etc. Estos son muy frecuentes y potentes. Deben estar justificados mediante tests y otros métodos. Recuerda que no deben hacer alusión a que tratan enfermedades de la piel.
- **DERMATOLÓGICAMENTE PROBADO.** Implica que la fórmula se ha probado bajo supervisión dermatológica en piel de voluntarios humanos. Serían *claims* similares «probado pediátricamente» (en piel de niños) y «oftalmológicamente probado» (en el contorno de ojos).
- **NO COMEDOGÉNICO.** Significa que se ha comprobado en voluntarios humanos que la fórmula no posee potencial de producir un tapón en los poros que se desarrolle en forma de un comedón.
- ***OIL FREE.*** Significa literalmente «libre de aceites», un *claim* atractivo para personas con la piel grasa. No está definido el alcance de lo que sería *oil*, y aunque lo más común es que este *claim* se refiera a que se excluyen los aceites vegetales, otras marcas se refieren a todo tipo de fase oleosa, otras excluyen aceites esenciales de su fórmula, etc.
- **HIPOALERGÉNICO.** Implica un bajo potencial de causar una reacción alérgica. Dado que es muy difícil de justificar porque toda sustancia tiene un potencial de causar una reacción alérgica, está en desuso.
- ***FREE FROM* O *CLAIMS* «SIN»: «SIN PARABENOS», «SIN SILICONAS», «SIN DERIVADOS DEL PETRÓLEO», «7-FREE»...** Se consideran, en su mayoría, *claims* que confunden al consumidor, ya que sugieren que el ingrediente que se excluye es dañino, cuando, como ya hemos visto, todos los cosméticos de curso legal son seguros; de este modo pueden poner en desventaja a la marca que no los usa. Algunos sí tendrían sentido en algunos contextos, como «sin sulfatos» en champús para personas que se han realizado tratamientos de que-

ratina en el cabello, «sin gluten» para celíacos, etc.; en estos casos su relevancia justificaría su uso.

- **SIN TÓXICOS, SALUDABLE, *CLEAN*:** se consideran reivindicaciones en cierto grado engañosas, por el mismo motivo que las anteriores. Si no existe la cosmética «con tóxicos», «no saludable» o *dirty*, ¿qué sentido tiene reclamar lo contrario?
- ***CLAIMS* RELATIVOS AL TIPO DE PRODUCTO:** natural, orgánico, cosmecéutico, *minimal*... Sigue leyendo.
- ***CLAIMS* RELATIVOS AL ESTILO DE VIDA:** vegano, vegetariano, *cruelty-free*... Descubre más sobre estos más adelante.

CLAIMS RELATIVOS AL TIPO DE PRODUCTO

Dentro de los productos cosméticos podríamos hacer una distinción no oficial de grupos genéricos que se ven reflejados en los *claims* de los productos. Esto quiere decir que, por ejemplo, seguramente un producto que se considere de cosmética natural refleje en sus *claims* de alguna manera que «es» natural o tiene una parte natural.

COSMÉTICA NATURAL Y COSMÉTICA ORGÁNICA

En el término de «cosmética natural» se incluyen muchas marcas, pero no todas ellas comparten una formulación parecida. Al día de hoy, aún queda por determinar de manera oficial, mediante una ley, qué se consideraría un cosmético natural y qué no. Aunque muchas de las marcas que se autodenominan naturales lo hacen porque contienen en su mayoría ingredientes procedentes de la naturaleza, no hay una regla estricta por la que se rijan esos productos. «Cosmética natural» es, por lo tanto, un término muy ambiguo.

Algunas empresas certificadoras privadas aplican sus propios estándares sobre qué es natural y qué no, ofreciendo la posibilidad a las marcas de cosmética de obtener su certificación, en caso de que los cumplan. Uno de estos estándares es, por ejemplo, COSMOS. Aunque Ecocert es la empresa que audita la certificación COSMOS más conocida en España, y que autoriza dos niveles de certificación diferentes, existen otras que también la implementan: Cosmebio (popular en Francia), BDIH (Alemania), Soil Association (Gran Bretaña) o ICEA (Italia). Este tipo de estándares establecen, entre otras normas, cuáles son los porcentajes mínimos de sustancias naturales y porcentajes máximos de sustancias sintéticas que serían aceptables para ellos y cómo deben indicarse en el etiquetado. Es decir, tienen sus reglas, pero no se trata de leyes, sino de los criterios de cada empresa certificadora privada, que difieren entre ellas.

Un paso más allá de la cosmética natural sería la cosmética orgánica, bio o eco. Seguro que recientemente has escuchado estos *claims* en cosmética. Los tres términos hacen referencia a un mismo tipo de producto, pero dependiendo del país, se utiliza más un adjetivo que otro. Mientras que en Francia es común llamarla «cosmética bio», en Estados Unidos suele denominarse «cosmética orgánica» y en España, «cosmética ecológica».

Por ejemplo, el nivel de certificación COSMOS ORGANIC asegura que el 95 por ciento de los ingredientes botánicos del producto son ecológicos y que un 20 por ciento de la fórmula total procede de la agricultura ecológica, si es un producto sin aclarado, o un 10 por ciento si es un producto con aclarado. Son criterios muy exigentes que excluyen materias primas sin las que no es sencillo formular productos atractivos, eficaces y estables.

Estas certificadoras también intentan asegurarse del carácter biodegradable o reciclable de los embalajes, así como de limitar algunos ingredientes de origen petroquímico o sintético. En la cosmética orgánica certificada no encontrarás, por ejemplo, ingredientes con mala publicidad, como parabenos, siliconas, polímeros o derivados del petróleo –lo cual no significa, insistimos, que estos no sean seguros–, pero tampoco otros ingredientes sintéticos, como el bakuchiol o el retinol.

Obtener una certificación natural o ecológica es un proceso largo y costoso. No solo implica la inversión económica que se destina a la certificadora privada, sino que exige determinadas características de las instalaciones, los procesos, las materias primas y la formulación; y esto se audita periódicamente con el fin de valorar si la marca sigue cumpliendo con los criterios establecidos para poder estar certificada. La obtención de la certificación permite a la marca mostrar los sellos oficiales de la certificadora, como, por ejemplo, el sello Ecocert.

Hay marcas que formulan cosmética orgánica y que optan por no certificarse. Por lo tanto, es importante remarcar que un producto también puede ser orgánico, bio o eco sin necesidad de haber pasado por el proceso de obtención del certificado, pero es un poquito complicado saberlo solo leyendo sus ingredientes. ¡A no ser que seas un profesional del sector!

Algunos de los *claims* más comunes en este tipo de cosméticos suelen ser: «98 % natural», «56 % de ingredientes ecológicos», «con los mejores ingredientes de la naturaleza», «ingredientes sostenibles»... Muchas veces también aluden a su empaque para reforzar su mensaje: «empaque reciclado y reciclable», «cero plástico», etc.

COSMÉTICA DE LUJO

La cosmética de lujo es aquella cuyo enfoque está dirigido a un usuario con un poder adquisitivo alto. Por lo general, sus precios suelen ser mucho más altos que la media y, aunque no siempre es así, sus fórmulas suelen presentar texturas muy sensoriales y contener ingredientes muy especiales: difíciles de encontrar, exclusivos de esa marca, de obtención mucho más costosa... Su distribución es muy exigente y a veces es difícil encontrar esas marcas. Suelen trabajar ediciones especiales con un *stock* muy limitado de algunas referencias.

La cosmética de lujo empezó con aquellas firmas cosméticas francesas que hoy en día siguen estando posicionadas como las marcas de belleza más caras, pero es cierto que el lujo se ha extendido por todo el mundo y a otros tipos de cosméticos. Su comunicación está envuelta de sueños, fantasía y lujo, y a veces rehúyen de las formas de publicitarse convencionales. Solo las encontrarás en revistas específicas de lujo, en eventos privados, promocionando certámenes de *celebrities*, etc.

Los *claims* que usa la cosmética de lujo pueden ser muy diversos, pero en su mayoría no hacen referencia a los ingredientes específicos. Sí suelen incluir la mención de patentes o complejos exclusivos de la marca (fórmulas que solo se pueden permitir algunas marcas) y en su mayoría las nombran en el idioma originario de creación: *synchronized multi-recovery complex*, *global cellular protection*... Suelen utilizar *claims* relacionados con las funciones del producto, romantizándolas: «poder regenerador», «efecto *lifting*», etc. También suelen hacer eco de la rapidez inmediata o *flash* de algunos de sus tratamientos: «regeneración inmediata», «efecto luminosidad al instante», etc.

COSMECÉUTICOS

Puede que últimamente hayas leído mucho sobre los cosmecéuticos. Es un término que designa al híbrido entre productos cosméticos y productos farmacéuticos, que incluiría porcentajes altos de activos cosméticos (nunca principios activos exclusivos de productos sanitarios o medicamentos) con una intención terapéutica. La verdad es que, realmente, a nivel regulatorio no deja de ser un producto cosmético, y únicamente tiene que cumplir los requisitos que se exigen para cualquier otro cosmético. Un producto cosmecéutico puede ser habitual tanto en una farmacia como en una perfumería o una clínica dermatológica. No precisan de prescripción médica, pero en su mayoría la fórmula, el envase y la experiencia se inspiran en un producto farmacéutico. Son productos que, en cuanto a *claims*, han de jugar muy bien sus cartas con el lenguaje para no sobrepasar el límite que separaría un cosmético de un producto farmacéutico y evitar así ser clasificado como este último, lo cual supondría una ilegalidad.

En este grupo está de moda hablar de los porcentajes de los ingredientes más significativos y sus funciones: «sérum iluminador con un 3 % de niacinamida». Mezclan una función fácil de entender con un ingrediente de formulación, que no todo el mundo conoce o tiene interiorizado. En algunos casos utilizan la forma menos popular de nomenclatura de ese ingrediente. Por ejemplo, sustituyen la vitamina C por ácido ascórbico: «tratamiento antimanchas con un 12 % de ácido ascórbico».

COSMÉTICA DE USO PROFESIONAL

Es aquella que está especialmente creada para el uso profesional, lo que implica que va dirigida a un centro o persona especializada que emplea esos productos en el usuario final. Son productos de uso exclusivo en centros estéticos, peluquerías u otros centros de belleza profesionales y también se suele englobar bajo la denominación de «cosmética de cabina».

Su venta no es igual que la de otro producto cosmético, ya que el usuario no puede consumir directamente el producto, sino que precisa de un profesional para aplicarlo. A veces se debe a la técnica empleada o a que su aplicación acompaña un dispositivo especial del centro. La forma de identificarlos es muy simple: indicarán que son «solo para uso profesional» o algo similar.

COSMÉTICA *MAINSTREAM*

Aquí encontraríamos todas las marcas cosméticas cuya esencia no está en las que acabamos de mencionar. Nos tomamos la licencia de llamarla cosmética convencional o *mainstream* ¡solo para que nos entendamos!

Incluye todas las marcas cosméticas de grandes grupos, la mayoría multinacionales, que podemos encontrar en miles de puntos de venta: supermercados, pequeñas perfumerías locales, *duty frees* de aeropuertos, miles de puntos de venta *online*, etc. Suelen tener un rango de calidad/precio muy interesante y su inversión en publicidad es muy alta. Verás a menudo campañas de televisión, carteles en los OPI del metro, cuñas en Spotify... Es el fenómeno *fast fashion*, pero en belleza: suelen lanzar colecciones con frecuencia.

En este tipo de marcas es muy habitual que tengan distintas colecciones con diferentes tipos de formulación, empaque y comunicación adecuada a distintos tipos de cosmética para poder abarcar así a más consumidores. Por ejemplo, es habitual que una marca de productos capilares tenga una línea de productos enfocados al cuidado capilar orgánico, con más presencia de ingredientes naturales, y otra línea de productos focalizada en el cuidado capilar profesional y de venta exclusiva solo en peluquerías y centros de belleza específicos.

De la misma forma, esta distinción de cosméticos no implica que cualquier marca tenga que estar solo en un grupo. Hoy en día podemos encontrar miles de firmas que convergen en su esencia: marcas de cosmética coreana cosmecéuticas, marcas de lujo y profesionales, marcas de lujo que solo se venden en farmacias, marcas coreanas orgánicas, etc. ¡Las posibilidades no se acaban!

COSMÉTICA *MINIMAL*

Aunque la gente quiera leer —y entender, claro— las etiquetas de los productos de belleza, intentarlo puede causar un poco de estrés. Son muchos los productos que cuentan con un listado de ingredientes de veinte, treinta o incluso cuarenta componentes. Eso sí, aunque estemos bien informadas, cabe decir que esas etiquetas no están puestas ahí expresamente para el consumidor final o con la finalidad de que tengamos que entenderlas. No es necesario. Su función principal es la de tener información en una nomenclatura universal para que, en caso de una reacción adversa, el personal sanitario pueda identificar de forma más fácil qué es lo que ha pasado.

Sin embargo, esa necesidad por entender gran parte de una fórmula está generando una tendencia en el mundo de la cosmética, la cosmética minimalista. Y con ello no hacemos referencia a un empaque minimalista, aunque muchas veces acompaña el concepto. Sino que hablamos de fórmulas que contienen una selección de solo diez o quince ingredientes. Nos gusta la idea, ya que no siempre necesitamos miles de activos para mejorar nuestra rutina de belleza.

No estamos diciendo que menos es mejor, porque eso no siempre es cierto, pero sabemos que algunos aficionados al cuidado de la piel, el cabello y el maquillaje prefieren usar productos que tengan una etiqueta que sea un poco más fácil y que se tarde menos tiempo en descifrar (es decir, que haya que *googlear* menos). Y si es importante para ti, también lo es para nosotras.

COSMÉTICA COREANA

La cosmética coreana es aquella que se ha fabricado en Corea del Sur. Internacionalmente se conoce como *K-Beauty*: *Korean Beauty*. Pero no toda la cosmética coreana es igual. Se hizo popular principalmente por el uso de *BB creams* y los productos con empaque de fantasía: cremas en envases de osos panda, limpiadores con corazones de color rosa, mascarillas con forma de cara de gatito... Son muchas las marcas que se han sumado a esta tendencia, pero la cosmética coreana es mucho más que eso.

Dentro de este grupo podrás encontrar muchas otras marcas que se focalizan en el interior de los productos: en su fórmula. Desde marcas que apuestan por una alta concentración de moléculas que hasta ahora solo se encontraban en productos con una esencia cosmecéutica hasta marcas casi cien por ciento naturales y veganas.

El mundo de la cosmética coreana está dando un giro, y hay algo que comparten todas las marcas: cada vez apuestan más por políticas medioambientalmente más responsables y sus formulaciones son cada vez de más calidad. ¡Y eso tiene una explicación! La gran competencia entre fabricantes de Corea del Sur ha llegado hasta tal punto que la calidad ha aumentado a una velocidad drástica mientras que el costo ha permanecido prácticamente intacto. Precisamente eso se traslada en sus *claims*. La cosmética coreana suele hacer referencia al origen de sus ingredientes, difíciles de encontrar, exóticos y con un alto costo.

CLAIMS RELATIVOS AL ESTILO DE VIDA

Hay algunas reivindicaciones que, más que al producto, hacen referencia a los intereses y estilos de vida del consumidor al que se dirigen. Algunos de ellos los comentamos a continuación, pero ¡hay muchos más!

COSMÉTICA VEGANA, VEGETARIANA Y *FREE*

La elección de productos de belleza ha cambiado radicalmente en los últimos años. Es indiscutible: buscamos una mayor presencia de ingredientes naturales y procesos más respetuosos con el medio ambiente.

Asimismo, la cartera de productos orgánicos, naturales, veganos y hasta vegetarianos se ha ampliado a niveles increíbles, pero ¿estamos tan familiarizados con todos esos términos como parece? Lo cierto es que la cosmética orgánica no implica que sea vegana, ni viceversa.

COSMÉTICA VEGANA: Es el capítulo más reciente de la historia de la cosmética. La cosmética vegana hace referencia a que el producto no contiene ingredientes procedentes de animales ni productos generados por ellos, como la perla o mucina de caracol.

Que un producto sea vegano, tal como lo considera la industria, no implica que sus ingredientes o la fórmula final no hayan podido ser probados en animales (en otras partes del mundo o con otros fines), por lo que los conceptos de vegano y *cruelty-free* no son sinónimos en cosmética.

Eso sí, cabe decir que se prohíben las pruebas en animales con fines cosméticos en diversos países. Estos apellidos «con fines cosméticos» y «en diversos países» generan un debate controvertido, extenso y repleto de matices.

Cada vez hay más productos de belleza con la garantía de ser cien por ciento veganos. A lo largo del tiempo ha habido una labor muy importante para sustituir ingredientes animales o procedentes de animales por otros vegetales o sintéticos. Hasta hace poco, la mayoría de los productos con colágeno se creaban a partir de proteínas de los huesos y cartílagos de peces, la piel del cerdo o las patas del pollo. Por suerte, se han instaurado muchas otras alternativas que sustituyen esos ingredientes y que tienen prácticamente la misma función. Permanece atenta, ¡más tarde te lo contamos!

La cosmética coreana también se preocupa por los animales. MiiN Cosmetics dispone de una categoría especial con más de cien referencias veganas. Tanto sus ingredientes como sus formulaciones y su producción han pasado un exhaustivo control para asegurarnos de que no comparten ningún ingrediente animal o procedente de animales. Los *claims* de estos grandes grupos de productos varían a lo largo de los años. Ahora es común hablar de productos «100% veganos» o «sin ingredientes de origen animal».

Al igual que sucedía con la cosmética natural, la cosmética vegana puede certificarse a través de empresas certificadoras privadas, como Vegan Society, si la marca así lo considera.

COSMÉTICA VEGETARIANA: Solemos confundirla con la cosmética vegana, pero poco tiene que ver. La cosmética vegetariana hace referencia a aquellos productos que no contienen ingredientes animales, pero sí pueden estar formulados con ingredientes derivados de su actividad, como pueden ser la miel o la leche.

Hoy en día hay muchas opciones que sustituyen a los ingredientes de origen animal. Seguro que muchos de estos ingredientes te suenan, pero ¡que no te causen rechazo! Anteriormente eran ingredientes que se obtenían de animales o procedían de ellos, pero hoy la mayoría de las marcas cosméticas los han sustituido por alternativas vegetales o veganas. Estos son algunos de ellos:

- **RETINOL.** La vitamina A se obtenía hasta hace poco de una fuente animal, pero actualmente se sintetiza. También se suele utilizar el caroteno, presente en la zanahoria y otros ingredientes como el aceite de pepita de frambuesa o de pimiento rojo. Curioso, ¿verdad? ¡Hay más! En los últimos años se ha visto el auge del archiconocido bakuchiol, a veces llamado, de forma algo confusa, «retinol vegano».
- **BIOTINA.** ¿Te suena el famoso «champú de caballo» que se puso de moda hace unos años? No te alteres, que probablemente no contenía ningún extracto de caballo, sino biotina, una vitamina del grupo B que se halla en las células vivas, normalmente de la leche o la levadura. La biotina es un ingrediente muy popular en cosmética capilar como agente texturizador. Son muchas las marcas que han sustituido este ingrediente por resina vegetal o harina de maíz. ¡Biotina cien por ciento vegana!
- **COLÁGENO.** Como te hemos adelantado antes, desde sus inicios, el colágeno se ha obtenido de las proteínas de huesos y cartílagos de los cerdos y de las patas del pollo. Ahora suele extraerse de los peces, y de ahí su famoso nombre de «colágeno marino». ¿Una buena alternativa vegana? Puedes sustituirlo por proteína de soya o aceite de almendra. ¡Tienen propiedades similares!

- **UREA.** Sus propiedades hidratantes y su capacidad para penetrar correctamente en la epidermis sin mucha dificultad han convertido este ingrediente en uno de los más populares en lociones y cremas para pieles muy secas. Muy antiguamente se obtenía de los fluidos corporales (en su mayoría de la orina). Actualmente, por suerte, se crea sintéticamente o se utiliza una «urea vegetal» procedente de hongos y hojas. ¡Qué alivio!
- **LECHE.** Como ingrediente cosmético tiene unas propiedades increíbles para la hidratación y nutrición de la piel, y son muchos los productos que se comercializan bajo ese *claim*. Puede que Cleopatra fuera la primera *influencer* del mundo con sus famosos baños de leche de burra. Hoy en día puedes encontrar sustitutos vegetales, como el ácido láurico del aceite de coco, o bien cien por ciento sintéticas, como el ácido láctico. De hecho, ¿sabías que el ácido láctico no se obtiene de la leche? Se crea en un laboratorio, de forma sintética.
- **PELO NATURAL.** Muchas de las brochas y los pinceles de maquillaje provenían del pelo de marta, una especie de hurón adorable, o del pelo de jabalí, y en cosmética premium, de visón. Hoy en día, la mayoría de marcas especializadas en maquillaje utilizan alternativas sintéticas, como el nylon. También vegetales, como las fibras de bambú.

COSMÉTICA *CRUELTY-FREE:* Probablemente lo habrás visto en muchos envases: un conejito con las orejas rosas o similares indica que ese producto tiene el sello oficial de Leaping Bunny Cruelty-Free International u otros, oficiales o no. Reconocidos mundialmente, indican que ni ese producto ni los ingredientes que lo conforman han sido probados en animales en ninguna parte del mundo.

El término *cruelty-free* causa controversia en diversos países, ya que su normativa prohíbe que los cosméticos o sus ingredientes se sometan a experimentación animal con el fin de estudiar la seguridad de los mismos. Es decir, que un producto final o sus ingredientes no deben haber sido probados en animales con el objetivo de cumplir con la ley de productos cosméticos (o, dicho de otro modo, 'con fines cosméticos'). Por eso, desde algunos círculos se argumenta que los sellos de *cruelty-free* podrían ser engañosos.

Pero ¿qué ocurre cuando los fines no son cosméticos y son, por ejemplo, farmacéuticos? Existe una gran controversia alrededor de este tema, con algunos entresijos legales y debates internos en la industria y con los organismos regulatorios.

Este tipo de logos te pueden ser de utilidad para comprobar los valores en cuanto a la prueba en animales por los que se rige una marca de forma global. En países como China existe una normativa distinta en cuanto a la prueba de cosméticos en animales vivos. En Corea del Sur siguen una normativa similar. Comprobar que esté presente un sello *cruelty-free* en un producto o leer los *statements* de las propias marcas acerca de su filosofía puede ser la garantía de que un producto no haya sido probado en animales en ninguna parte del mundo.

COSMÉTICA SIN GLUTEN

Cualquier producto cosmético puede contener gluten (o trazas) en su composición. Fue a partir de 2018 cuando empezaron a surgir en el mercado campañas de marketing con el *claim* «*gluten free*». ¿Cómo? ¿Existe la cosmética sin gluten? Las personas celíacas no toleran correctamente la proteína del gluten a la hora de ingerirla, pero ¿por qué la cosmética usa ese mensaje si la cosmética no se ingiere?

Es cierto que hay ciertos tipos de cosméticos que pueden terminar accidentalmente en nuestra boca, como es el caso de los lápices labiales o los esmaltes de uñas. Tiene sentido que existan, por lo tanto, fórmulas exentas de gluten para favorecer la salud de las personas con enfermedad celíaca. En el caso de otro tipo de cosméticos, la presencia de gluten entre sus ingredientes no sería peligrosa, a no ser que se ingiriera de forma accidental; pero incluso pequeñas trazas que lleguen a la boca podrían ser dañinas para personas muy sensibles al gluten.

De momento no existen estudios concluyentes, pero parece que la gliadina, la mezcla de proteínas solubles en alcohol en la que están contenidos los péptidos inmunogénicos (tóxicos) para el celíaco, tiene un alto peso molecular, por lo que no sería capaz de atravesar la barrera cutánea y ser absorbida por la piel.

QUIMIOFOBIA Y MITOS FRECUENTES

Entramos en la parte más científica y crítica de este libro analizando la tendencia actual a creer, inconscientemente, que todo aquello «natural» es mejor que lo «sintético».

La quimiofobia es la noción, el sentimiento de que lo «químico» es tóxico y no natural. Es un miedo infundado a la química y a las sustancias químicas, persistente y extendido en el tiempo, que conlleva un esfuerzo para evitarlas por parte de la persona, aun a pesar de ser imposible, ya que todo lo que nos rodea y nosotros mismos somos química.

Realmente, este sentimiento no es algo nuevo. La quimiofobia moderna surge en los años sesenta como un recelo hacia un mundo cada vez más industrializado. Sin embargo, las raíces de la quimiofobia se remontan casi al siglo x, donde ya se puede leer por parte de Avicena: «Cualquier bien creado a través de los poderes naturales no puede ser imitado artificialmente; la industria humana no hace lo mismo que la naturaleza hace».[3]

3 Chalupa, R.; Nesměrák y K., «Analytical Chemistry as a Tool for Suppressing Chemophobia: An Introduction to the 5E-Principle», *Monatsh efte für Chemie,* 2018, 149 (9), 1527-1534. https://doi.org/10.1007/s00706-018-2224-9.

Once siglos más tarde, sabemos que la estructura molecular y las funciones de la vitamina C en una naranja son idénticas a las de la vitamina C que se produce en un laboratorio, pero esta noción persiste en la cultura popular.

Las principales armas contra la quimiofobia son la información veraz y el pensamiento crítico. Eso es precisamente lo que estás haciendo al leer este libro: informarte. Lamentablemente, en este momento de la historia en el que tenemos más información que nunca a nuestro alcance en internet, difícilmente logramos distinguir qué fuentes de información son verosímiles, o no tenemos las herramientas para interpretarlas correctamente. Aquí la divulgación científica desempeña un papel esencial.

Los cosméticos no escapan a la quimiofobia, ya que son productos populares y de uso cotidiano (y todavía más en esta época en la que las redes sociales están en nuestro día a día). Situaciones excepcionales, como retiradas del mercado de productos de los que se hacen eco los medios, no parecen dejar a la industria cosmética en buen lugar, y tendemos a sospechar que esta podría no estar priorizando nuestra salud con los ingredientes y procesos que usa. Sin embargo, tenemos buenas noticias. Recordemos que la UE posee una de las legislaciones más exigentes a nivel mundial en materia de seguridad del consumidor y que el hecho de que un producto se retire es la prueba de que esta legislación está aplicándose y de que las autoridades están siendo eficaces en la detección de productos que podrían suponer un riesgo para la población.

Es precisamente en este panorama de desconfianza en el que nacen y encuentran su éxito los *claims* «*free from*» o «sin». Observar reclamos del tipo «sin parabenos», «sin siliconas», etc., que denigran ingredientes seguros y de curso legal en los productos que compramos, tiene como consecuencia final que, inconscientemente, creamos que, en efecto, estos ingredientes son nocivos para nosotros y que es mejor evitarlos. Muchas empresas cosméticas abandonan el uso de estos ingredientes simplemente porque los consumidores ya no los aceptamos, viéndose obligadas a buscar alternativas que muchas veces no están tan estudiadas como las anteriores. Por eso se restringe el uso de estos *claims* desde hace unos años.

Más adelante te explicamos un poquito más sobre la realidad de algunos ingredientes con mala fama, para que dispongas de toda la información necesaria y puedas elegir tus productos de manera libre y consciente.

NATURAL FRENTE A QUÍMICO

Para comenzar, ¿qué es natural? Como ya hemos visto anteriormente, no existe una definición general de «cosmética natural». Por eso el concepto de «natural» varía según el punto de vista de quien lo considere. De este modo, casi cualquier producto puede definirse como «cosmética natural» siempre que cuente con justificación para este reclamo. ¡Vaya lío!

Se ha intentado poner orden en este asunto. Existe una norma armonizada, bastante reciente, que define qué es un «ingrediente natural» (ISO 16128 de 2017).[4] Una norma armonizada es una serie de directrices que son entendibles y aplicables en todo el mundo, pero que no es una ley; por este motivo, los fabricantes no están obligados a regirse por ella. Previamente a esta norma armonizada, multitud de empresas certificadoras privadas (como Ecocert) habían proporcionado sus definiciones, cada una con sus propios criterios, más o menos exigentes. Como ya hemos visto, para certificarte como «natural» por parte de estas empresas y que te permitan incluir su logotipo en los productos es necesario contratar sus servicios, pero no todas las marcas de cosmética están de acuerdo con esto. Por lo tanto, a día de hoy existe todavía mucha confusión a la hora de clasificar un producto como natural o no, ya que los criterios no están unificados.

4 https://www.une.org/encuentra-tu-norma/busca-tu-norma/norma/?c=N0061719

Para ser más exactas, «natural» y «químico» no son términos opuestos, ya que lo natural cae dentro de lo químico: toda la materia que conocemos en la Tierra es química. Más bien podríamos hablar de «sintéticos» o compuestos sintetizados.

Algunos ingredientes cosméticos pueden pasar por procesados muy sencillos para su obtención, como el prensado en frío para obtener aceites (en inglés, *cold press*); lo verás como reclamo en algunos productos. Sin embargo, la gran mayoría de ellos pasan por distintos procesos más o menos complejos, y es difícil determinar si serían naturales o sintéticos. El *Caprylic/Capric Triglyceride*, por ejemplo, se encuentra en la cosmética natural certificada; sin embargo, a pesar de que sus componentes (ácidos grasos y glicerina) puedan ser de origen vegetal (coco, palma...), estos han de pasar por una reacción química para formar el compuesto. Entonces ¿lo consideraríamos natural o sintético? Lo mismo sucede con el ácido hialurónico. Hoy en día se sintetiza a partir de microorganismos modificados genéticamente (transgénicos), pero aun así está permitido en la cosmética natural certificada. Un extracto de limón no es jugo de limón directamente exprimido tras recolectarlo del árbol; precisa de un proceso de extracción. Seguro que con estos ejemplos ya entiendes que la línea que separa lo natural, lo semisintético y lo sintético puede ser bastante borrosa y está reflejando de alguna manera el origen de un ingrediente, pero nunca su seguridad. Te lo explicamos en el siguiente apartado.

¿LO NATURAL ES MÁS SEGURO?

No sería posible generalizar y afirmar que los ingredientes naturales o la cosmética natural son más seguros o mejores para la piel. Es simplemente un tipo de cosmética que cumple unos criterios y puede verse alineada con tus necesidades o no, como cualquier otra.

Muchos extractos y aceites esenciales que se utilizan en cosmética natural (entre los que se encuentran los alérgenos más frecuentes) son ingredientes complejos que incluyen una gran variedad de moléculas diferentes bajo un mismo nombre INCI, y, por tanto, por simple estadística, aumentan las probabilidades de encontrar que una de esas sustancias cause una reacción en tu piel. Cualquier ingrediente, natural o sintético, es susceptible de producirte un efecto adverso no deseado. Hasta del aloe vera, ingrediente reparador mundialmente conocido, se reportan alergias.

Sabemos que no todo lo natural es beneficioso para el organismo. Existen muchos ejemplos de ingredientes naturales que han producido efectos adversos no deseados por accidente o porque se han utilizado de forma errónea, creyéndolos inocuos por ser naturales. El limoneno es uno de ellos, un ingrediente fotosensibilizante y alérgeno que se encuentra, entre otros, en la cáscara del limón. Montones de ingredientes naturales y sus derivados están prohibidos en diversos países para cosmética en aras de la seguridad de los consumidores, por ser perjudiciales para la salud. Estos son algunos ejemplos: *Aconitum napellus* (acónito), *Atropa belladona* (belladona), *Juniperus sabina* (sabina rastrera), *Datura stramonium* (estramonio) o la flor de *Cannabis sativa* (marihuana), por motivos obvios.

Como puedes ver, el origen natural o sintético de ningún modo es representativo de una mayor o menor seguridad, toxicidad o beneficio del ingrediente. Todo dependerá de la piel de cada persona en concreto. Quizá un producto de cosmética natural que a mí me funcione genial a ti te produzca alergia: es una cuestión muy individual.

MITOS SOBRE «INGREDIENTES TÓXICOS»

Lo sabemos de sobra: desde multitud de fuentes te han bombardeado con la noción de que determinados ingredientes en los productos cosméticos son «tóxicos» y de que deberías evitarlos a toda costa si de verdad te preocupa tu salud, la de tus seres queridos... y la del planeta. El propio pensamiento ya es angustiante, pero, además, pone sobre ti la enorme responsabilidad de reconocer esa larguísima lista de ingredientes en las etiquetas de los productos incluso cuando nadie te formó oficialmente para ello.

Y tú te preguntas, con frustración: «¿Cómo es posible que las autoridades permitan que productos nocivos se encuentren a la venta? ¿De verdad debo estar alerta a la hora de comprar un cosmético, sin poder confiar en el trabajo de los profesionales especializados que hay detrás de un producto? ¿Por qué la tarea de mirar con lupa las etiquetas e identificar ingredientes nocivos con nombres imposibles recae sobre mí, la consumidora final?».

Pues bien, quizá te sorprenda esta noticia..., pero es que, realmente, los cosméticos con ingredientes que pudieran ser potencialmente tóxicos para tu salud no están permitidos en la cosmética. Nos atrevemos a suponer que la mayoría de la información que has recibido ha sido incompleta o incorrecta. Pero no es tu culpa. El auge de internet en algunos casos ha llevado a la desinformación y, a nivel regulatorio, rara vez se han reportado las fuentes que han promovido *fake news* sobre cosmética. Eso ha hecho que se haya permitido un libre albedrío de mitos sobre formulación cosmética. Si has visto y pensado alguna vez que hay ingredientes tóxicos en los productos de belleza permitidos, lamentablemente, has dado con alguna de estas fuentes.

Sería conveniente explicar qué es tóxico y qué no lo es. La toxicidad es la capacidad de una sustancia de producir efectos perjudiciales en un ser vivo, al entrar en contacto con él. Se ha confundido frecuentemente el concepto de toxicidad de un ingrediente cosmético con una variedad de otros que nada tienen que ver con él, como los de idoneidad para tu piel, potencial comedogénico, etc. Por otro lado, una sustancia tiene una capacidad intrínseca de producir este efecto, su peligro. Sin embargo, el riesgo es la probabilidad de que este daño suceda, y depende de la dosis y las circunstancias.

	PELIGRO	RIESGO
AGUA	Bajo	A dosis baja: ninguno A dosis alta: mortal
ARSÉNICO	Alto	Escondido en un sótano: bajo En la alacena de la cocina: alto

No debemos confundir peligro con riesgo. Como hemos visto anteriormente, la evaluación de la seguridad es una tarea que se lleva a cabo previamente a la comercialización de los productos, de forma obligatoria. En esta se estudian todos los ingredientes en una fórmula y se mide su riesgo, de manera que la dosis final de un ingrediente ha de ser mucho menor a la que potencialmente podría suponer un riesgo para la salud humana. ¿Sabías que las aplicaciones móviles de «análisis» cosmético te muestran datos de peligro, no de riesgo, y que, por lo tanto, no están evaluando correctamente la seguridad del producto?

Entonces ¿por qué se genera y se transmite una información que es tan alarmista si es errónea? Los motivos son variados, pero, con frecuencia, estos mitos se originan en artículos científicos de baja calidad o mal interpretados, y se transmiten y perpetúan a conveniencia, a modo de «bola de nieve», por parte de profesionales con conflictos de interés, consumidores no especializados... e incluso campañas de marketing oportunistas. No debemos olvidar que el miedo es una emoción muy potente que consigue muchas ventas. ¿Recuerdas la búsqueda desesperada de papel higiénico en plena pandemia de 2020, causada por el miedo a quedarse sin él? Una vez generados estos mitos, es muy difícil extirparlos de la cultura popular (incluso con apoyo de la evidencia científica), ya que los seres humanos tendemos a aceptar como válida únicamente la información que se alinea con nuestras creencias preestablecidas. A este defecto de nuestra mente se le ha dado incluso un nombre: sesgo de confirmación. La flexibilidad que se ha mostrado en cuanto a lo permitido en marketing ha causado que, a pesar de quizá no saber qué son los sulfatos, un consumidor medio elegiría sin dudarlo un producto sin ellos.

La ciencia avanza constantemente. Una de sus capacidades más notables es la de dejar abierta la posibilidad de que lo que conocemos hoy cambie mañana con la adquisición de nuevas evidencias. La información que compartimos a continuación recoge las evidencias actualizadas en 2022 sobre la supuesta «toxicidad» de algunos de los ingredientes cosméticos más denostados: la vaselina y los sulfatos.

DERIVADOS DEL PETRÓLEO: ¿QUÉ ES LA VASELINA Y POR QUÉ EL *SLUGGING* ESTÁ DE MODA?

La vaselina es un producto cuyo primer envase se comercializó hace unos ciento cincuenta años, alrededor de 1870. El término *Vaseline* es el nombre comercial de un producto compuesto al cien por ciento por un único ingrediente, el *petroleum jelly* o *petrolatum,* así como el nombre de una marca. Por extensión, actualmente se le llama «vaselina» a todo producto formulado casi exclusivamente a base de estos aceites minerales.

El *petrolatum* es un hidrocarburo saturado, un compuesto que solo contiene carbono e hidrógeno. Es un subproducto de la extracción del petróleo, es decir, una sustancia que se obtiene de manera paralela a la explotación de petróleo (no sería común explotar el petróleo expresamente para extraer *petrolatum*).

El *petrolatum* de uso permitido en cosmética se extrae, se refina y se purifica para eliminar cualquier traza de otras moléculas que pueda contener y que puedan implicar un riesgo para la salud. Otros derivados del petróleo empleados en cosmética, no exactamente iguales al *petrolatum*, son, por ejemplo, los nombres INCI *cera microcristallina* o *paraffinum liquidum*. El origen petroquímico de todos ellos implica necesariamente un debate sobre su sostenibilidad.

Estos ingredientes son, en general, muy buenos oclusivos. El *petrolatum* tiene la capacidad de formar un film hidrofóbico sobre la piel, es decir, de ocluirla o crear una barrera muy efectiva para ralentizar su TEWL, de modo que la humedad se retiene con mayor eficacia. En consecuencia, mejora la hidratación y suavidad de la piel y la función barrera. Tiene una textura untuosa que permanece en la piel.

Por su capacidad oclusiva y su precio asequible, los aceites minerales son y han sido ingredientes muy queridos y utilizados en cosmética, en especial en productos faciales y corporales destinados a pieles normales a secas, e incluso sensibles. Pero no solo encuentran aplicación en este campo. El *petrolatum* puede formar una barrera que impida la entrada a microorganismos u otras partículas, y por ello resulta muy útil, por ejemplo, como protección contra infecciones (por ejemplo, en tatuajes recientes). Dado que su punto de fusión es cercano a la temperatura de la piel (se funde con ella), es una molécula inerte y excelentemente tolerada por la piel. Además, es transparente y carece de perfume, así que no es casualidad que sea un ingrediente muy popular en la formulación de medicamentos tópicos en forma de pomada, etc. No terminan ahí sus aplicaciones, ya que también lo podrás encontrar en adhesivos y sellantes, aditivos alimentarios, adhesivos dentales, repelentes de insectos...

Han corrido ríos de tinta acerca de su presunta inseguridad. Se rumorea que aplicar *petrolatum* sobre la piel sería lo mismo que cubrirla con una película plástica y que no la dejaría respirar ni eliminar toxinas. Cabe destacar que el *petrolatum* no es lo mismo que el plástico. Además, como a la piel de los mamíferos no le corresponde la función respiratoria (esta función pertenece a los pulmones) y el film que forma el *petrolatum* se puede romper, no has de preocuparte por si podría causarte este tipo de problemas. Además, al ser una molécula muy grande, cuando se aplica sobre la piel no penetra más allá del estrato córneo y, por tanto, no es factible que se absorba en el riego sanguíneo.

Por todo ello, es uno de los ingredientes más seguros y efectivos como hidratantes de la piel que conocemos; sin embargo, desde hace unos años, su uso está en declive entre los formuladores de cosmética por la mala publicidad que se le ha dado. Curiosamente, muy recientemente, este ingrediente no solo ha tenido un *revival* en Corea, que se ha difundido al resto del mundo gracias a las redes sociales, sino que lo ha hecho en su presentación más pura, en un producto que es cien por ciento *petrolatum*: la vaselina.

El *slugging,* término que viene de *slug* («caracol») es una técnica eficaz, segura y muy económica para ayudar a hidratar la piel, utilizada por *skin nerds* y dermatólogos. Consiste en finalizar la rutina de cuidado de la piel con la aplicación de una fina capa de un aceite mineral como la vaselina, en especial en la rutina de noche.

En una piel que se encuentre seca o deshidratada (ya sea de forma constante o puntual debido a diversos factores), y que tenga una función barrera alterada, se observarán beneficios con el uso de esta técnica. Algunos motivos puntuales de que la piel se encuentre en esa situación podrían ser: una exposición solar excesiva, el período frío de invierno, un tratamiento profesional como un *peeling*, un viaje en avión, etc. Sin embargo, si tienes una piel grasa (y especialmente con tendencia acneica), y aunque el *petrolatum per se* no es comedogénico, seguramente no disfrutarás demasiado la experiencia sensorial de aplicar un producto con esta textura.

Es extremadamente importante limpiar adecuadamente el rostro a la mañana siguiente de realizar *slugging*. Recomendamos realizar la doble limpieza, ya que la carga de producto que hay que retirar (y las partículas de suciedad que se habrán adherido al aceite mineral) es alta.

¿VAN A RESECARME LA PIEL LOS SULFATOS?

Los surfactantes (también llamados «tensioactivos» y, en algunos casos, «emulsionantes») son moléculas que se caracterizan por la capacidad de emulsionar, es decir, de hacer miscibles (mezclables) el agua y el aceite.

Esto lo consiguen gracias a su estructura molecular, que tiene un extremo lipofílico (afín al aceite) y otro hidrofílico (afín al agua). Los tensioactivos son moléculas que no están restringidas a la química de síntesis, sino que las encontramos también naturales, como, por ejemplo, la lecitina de la soya.

Piensa en lo que sucede al hacer una mayonesa casera: el vinagre y el aceite no se mezclarían jamás por sí solos, de no ser por la agitación y el ingrediente secreto, el huevo, cuya yema contiene ingredientes emulsionantes, los fosfolípidos. Este mismo mecanismo es el que se sigue cuando se formula una crema cosmética que contenga agua y aceite de aguacate, por ejemplo: ha de añadirse un emulsionante que mantenga unidas ambas fases acuosa y oleosa.

¿Y por qué te contamos esto sobre los surfactantes? Pues bien, los sulfatos son solo un tipo de surfactantes dentro de la amplia familia de surfactantes cosméticos. Se incluyen dentro de los tensioactivos de tipo aniónico (los hay también de tipo catiónico, anfótero, no iónico...). Los tensioactivos aniónicos son, además, buenos agentes espumógenos. Por cierto, encontrarás también tensioactivos aniónicos en productos no cosméticos, como detergentes para la ropa (aunque no se usan exactamente los mismos en un tipo de productos y otros).

Los sulfatos son capaces de favorecer que las grasas sean solubles en agua y, por tanto, que el agua con sulfatos sea capaz de disolver y arrastrar los aceites desde cualquier tipo de superficie (incluidos cabello y piel). Pensemos, por ejemplo, en un champú: es una mezcla de agua con tensioactivos (y, con mucha frecuencia, se incluye algún sulfato entre ellos); al contacto con el agua de la regadera y con nuestro cuero cabelludo, es capaz de «arrancar» el sebo y la suciedad del mismo y de disolverlos en el agua, y termina yéndose a través del desagüe y dejando nuestro cabello limpio y reluciente.

Hay tensioactivos con distintos «poderes» de detergencia. Los sulfatos tienen una alta capacidad de detergencia y son muy efectivos y rentables como desengrasantes, además de proporcionar una espuma abundante que contribuye a la experiencia sensorial de limpieza que buscan muchos consumidores; de ahí su popularidad en formulaciones para la limpieza facial, corporal, capilar o dental. La desventaja de los sulfatos (o ventaja, según como se mire, porque esta propiedad puede ser útil en algunos casos) sería que, debido a este poder detergente, podrían ser muy agresivos tanto para la piel como para el cabello si la fórmula en la que se incluyen no se aclara correctamente o no está bien equilibrada con ingredientes que reduzcan este potencial irritante. No obstante, en fórmulas equilibradas no representan ningún problema y estas pueden ser perfectamente respetuosas con la piel a pesar de contener sulfatos. Es decir, en contra de lo que se suele creer, el hecho de que un producto contenga sulfatos no debe alarmarnos directamente y llevarnos a pensar que será irritante. Los sulfatos se usan desde hace muchos años de forma segura en fórmulas que están equilibradas, tanto en productos cosméticos como sanitarios, como las toallitas limpiadoras que se utilizan en los hospitales.

La irritación puede manifestarse en la piel en forma de picor, descamación, sequedad o rojez, los cuales son «síntomas» clásicos de que un limpiador está siendo excesivamente agresivo y de que la función barrera de la piel se ha visto alterada. ¿Has probado alguna vez un champú con sulfatos que te deje el cabello «crujiente» y muy áspero y seco? Esto es signo de que el poder detergente de la fórmula ha sido *too much* para tu pelo. Muchas personas con cabello rizado pueden preferir fórmulas sin sulfatos, como las de los champús sólidos de Ondo Beauty 36.5.

Seguro que ya lo has adivinado: los sulfatos, en general, no serían *a priori* el tensioactivo «ideal» para pieles secas o sensibles, o cueros cabelludos con las mismas características. Pero el efecto en la piel siempre dependerá de la fórmula en conjunto.

Entonces ¿cuál sería el truco para elegir bien un producto limpiador? Sin duda, conocer muy bien las características de tu piel y de tu cabello, así como no solo guiarte por la lista de ingredientes del producto, sino también por los *claims* del etiquetado del producto, que te orientarán en su elección.

En cualquier caso, si te gustaría ser capaz de identificar los sulfatos dentro de una lista de ingredientes, has de saber que los nombres INCI más comunes son estos:

- SLS (*sodium lauryl sulfate*) y su derivado etoxilado: SLES (*sodium laureth sulfate*), más gentil con la piel.
- ALS (*ammonium lauryl sulfate*) y su derivado etoxilado: ALES (*ammonium laureth sulfate*).
- SCS (*sodium coco sulfate*). Que no te haga dudar su nombre: a pesar de proceder efectivamente del coco, esto no quiere decir que sea más respetuoso o menos con la piel, como ya sabes. De hecho, esta mezcla de moléculas que representa el SCS, contiene el SLS. Curiosamente, el SLS no está aceptado por certificadoras de cosmética natural, pero el SCS sí.

LA SOSTENIBILIDAD EN COSMÉTICA

Cada vez más, la cosmética se sensibiliza con el cuidado del medio ambiente. Los *millennials* y la Generación Z son los grupos que generan la mayor demanda de productos más respetuosos para el medio ambiente. Aunque sí es posible encontrar productos de marcas que intentan reducir su impacto, ya te adelantamos que no es fácil. Principalmente, porque el término de «sostenibilidad» es un poco ambiguo en cosmética y no se han sentado bases para definir qué se entiende exactamente por «producto sostenible», ya que inevitablemente toda producción tiene un impacto. Así pues, la cosmética sostenible todavía está abierta a la interpretación.

Quizá, inconscientemente, hayas llegado a relacionar que «natural» es igual a «sostenible». Probablemente se deba al bombardeo de conceptos confusos al que los consumidores nos vemos sometidos día tras día y al *greenwashing*, una práctica de marketing destinada a crear una imagen ilusoria de responsabilidad ecológica, lamentablemente muy utilizada por algunas marcas.

Pero ¿hasta qué punto es más respetuoso con el medio ambiente extraer un ingrediente de fuentes naturales que sintetizarlo en un reactor o en un laboratorio?

La sostenibilidad comprende varias vertientes: la medioambiental, la social y la económica. Cuando hablamos de sostenibilidad de los ingredientes, debería hacerse siempre una evaluación caso por caso y teniendo en cuenta las diferentes facetas de la sostenibilidad: no solo la medioambiental, sino también la social (bienestar humano) y la económica. No tendría sentido fomentar el uso de un ingrediente respetuoso con el medio ambiente si, por ejemplo, se sabe que no es ético porque procede de la explotación infantil. Y, ante todo, no deberíamos dar por sentado que «ingrediente natural» (o, incluso, «ingrediente orgánico») es automáticamente igual a «ingrediente sostenible».

Por ejemplo, si comparamos ingredientes que se encuentran en la naturaleza con su gemelo sintético (como la vitamina C y el ácido L-ascórbico), en numerosas ocasiones encontramos que tiene un menor impacto su síntesis en laboratorio que su proceso de extracción de la naturaleza y posterior purificación. Con el ácido hialurónico sucede lo mismo. Lo más común ya no es que se extraiga de las crestas de los gallos como se realizaba antaño, sino que se sintetice biotecnológicamente en reactores con la ayuda de bacterias transgénicas. Otro ejemplo: para obtener un solo litro de aceite esencial de *Rosa damascena* se necesitan de 2,000 a 4,000 kilos de pétalos, cuyos rosales, según un cálculo impreciso y siendo optimistas, ocuparían como mínimo la extensión de un campo de fútbol grande. Cabe plantearse si esto consumirá menos recursos que la producción de un litro de perfume sintético. Los ingredientes llamados «orgánicos» o «ecológicos» tampoco se librarían del análisis, ya que requieren mucha mayor extensión de terreno para una misma producción de materia prima, entre otros aspectos.

Si hablamos de productos cosméticos finalizados, es todavía más complicado. Observando el producto final, podemos obtener ciertas pinceladas sobre su sostenibilidad, pero formarse una visión global y evaluar todos estos factores solo a partir del producto en el estante es algo sencillamente imposible. El cálculo de qué grado de sostenibilidad tiene un producto habría de tener en cuenta todo el ciclo de vida del producto, no solo los elementos que llegan a nuestras manos. A día de hoy, las empresas no tienen obligación legal de compartir con el consumidor cuáles son sus políticas o procesos internos, aunque cada vez son más las que transmiten sus filosofías con una intención de transparencia y de conexión con su cliente.

¿CÓMO SABER SI UN PRODUCTO ES MÁS SOSTENIBLE QUE OTRO?

Te recomendamos que te fijes en lo siguiente:

- **EN EL MINIMALISMO DE LA FÓRMULA Y DEL EMPAQUE.** A título muy general, cuanto menor sea el número de ingredientes y de elementos del empaque, menor impacto. Otra de las técnicas que se utilizan mucho en cosmética es el *refill*, una forma más sostenible de «rellenar» el producto una vez que se ha terminado sin tener que volver a comprar el envase entero.
- **EN LA RECICLABILIDAD Y EL IMPACTO DE LOS COMPONENTES DEL EMPAQUE.** ¡Cuidado! Ser de plástico no se traduce directamente en un mayor impacto.
- **EN LA PROXIMIDAD GEOGRÁFICA Y ORIGEN (SINTÉTICO, VEGETAL, ANIMAL, ETC.) DE LAS MATERIAS PRIMAS.** Por ejemplo, no es igual que un pro-

ducto de una marca fabricada en otro país contenga extractos de plantas protegidas y endémicas africanas a que contenga extractos de plantas mediterráneas no amenazadas; por proximidad y menor impacto, en principio podrían ser más sostenibles los extractos mediterráneos, aunque finalmente no tenemos una forma inequívoca de saber si realmente esas plantas se han cultivado en el mediterráneo o proceden de cultivos en la otra parte del mundo. La trazabilidad de las materias primas es complicada. Por ejemplo, la chufa, típico cultivo valenciano, tal vez no proceda de Valencia sino de África, en cuyo caso podría ser menos sostenible.

- **EN QUÉ LUGAR DEL MUNDO SE FABRICA.** Hay países con normativas medioambientales más estrictas que otros.
- **EN QUÉ Y CUÁNTO MATERIAL USA LA MARCA PARA EL EMBALAJE,** en el caso de la venta *online*.
- **EN LA IMPORTANCIA QUE LA MARCA LE DA A LA SOSTENIBILIDAD EN SU PÁGINA WEB Y CÓMO COMUNICA (SI ES CON DATOS NUMÉRICOS O AFIRMACIONES MÁS VAGAS), Y EN SUS VALORES.** Pregúntate: ¿cuál es la responsabilidad medioambiental de la marca? Cada vez más las firmas de cosmética apoyan iniciativas de responsabilidad social corporativa relacionadas con la preservación del ecosistema y, en algunos casos, crean su propia iniciativa medioambiental. Desde repoblar bosques, limpiar océanos o cuidar ciertas especies protegidas o en peligro de extinción. Solo por comprar un producto de la marca puedes contribuir a hacer del planeta un lugar mejor. Por eso insistimos en que un cosmético es algo más que un producto de belleza: tiene detrás unos valores que puede que tú también compartas. Al fin y al cabo, si vamos a invertir nuestro dinero en un cosmético, ¿por qué no tener en cuenta también su valores?

Como ves, la sostenibilidad en cosmética es un tema sobre el que no nos es posible simplificar y que requeriría la escritura de una monografía. Consumir únicamente los productos necesarios y adecuados para tu piel y evitar el desecho innecesario es una forma que tienes de ser más sostenible. Quédate con esta idea.

04

CREA TU RUTINA DE *SKINCARE* PERFECTA

La rutina más sostenible es la que se adecua a ti.

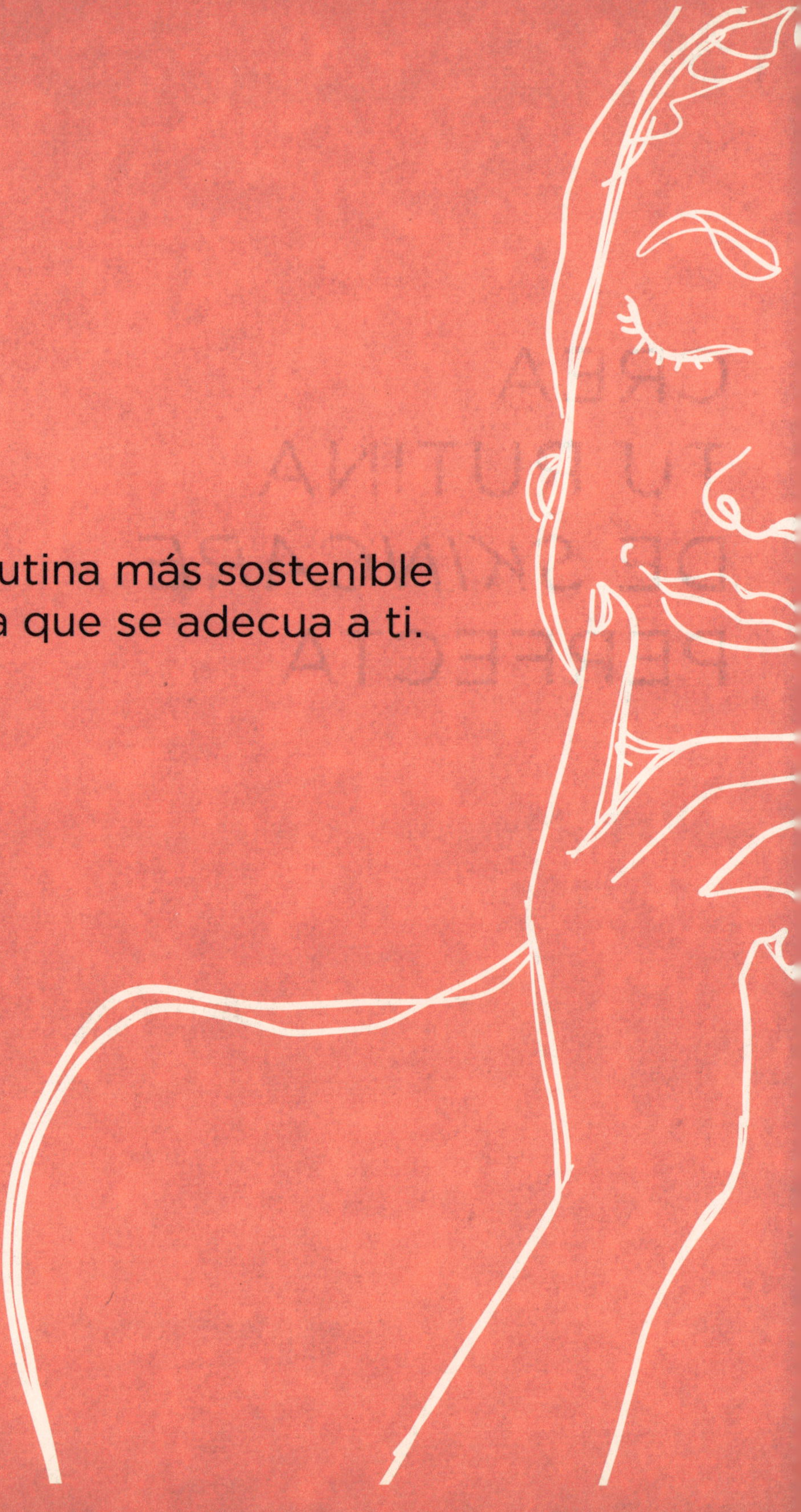

En este capítulo vamos a enseñarte a construir una rutina de belleza para ti y a adaptarla a tus circunstancias de vida, a tus preferencias y al momento del año en que estés. Una vez que conocemos con timidez los ingredientes más importantes del mundo de la cosmética y sabemos hasta qué punto podemos mejorarla con productos, es hora de dar paso a la creación de una rutina de *skincare* perfecta. Bienvenida al capítulo en el que todo el mundo *K-Beauty* cobra sentido.

LA IMPORTANCIA DE TENER UNA RUTINA DE BELLEZA

Tener una rutina de belleza es mucho más que agrupar una serie de productos cosméticos y utilizarlos de forma recurrente. La constancia, saber elegir los productos adecuados y comprometerse a utilizarlos correctamente son tres ejes clave para obtener esos beneficios esperados. Eso sí, ¿sabías que darás con esos beneficios en muchos otros sitios que en tu piel?

SKIN CARE = SELF CARE = HEALTH CARE

Estos son los cuatro motivos por los que una rutina de belleza puede hacernos sentir mejor (más allá de mejorar nuestra piel).

UNA RUTINA DA ESTABILIDAD

En los últimos años hemos experimentado cambios radicales en nuestra rutina, sobre todo la transición de estar prácticamente todo el día fuera de casa a tener que recluirse en ella por la pandemia de la COVID-19 durante largos períodos de tiempo. Durante estos años, hemos perdido la estructura y la rutina de nuestro día a día. Muchas de esas rutinas incluían hábitos alimentarios saludables, ejercicio, una vida social que nos saciaba y, en muchos casos, una rutina de belleza diaria. Y todas estas rutinas son fundamentales para la salud general (cuerpo y mente).

Tener una rutina de belleza instaurada actúa como una fuerza reconfortante, como un ancla. Disfrutar de esa aplicación de los pasos de belleza nos fuerza a conectar con la realidad y a marcar un punto de estabilidad en nuestro día a día, algo que puede ser una salvación en un período —estresante y desconcertante— como el que estamos viviendo desde 2019.

AUTOCUIDARNOS DE FORMA CONSCIENTE NOS EVADE

Es posible que en ciertos momentos del día nuestra mente desencadene pensamientos intrusivos. Y aunque sientas que no tienes ni ansiedad ni estrés ni episodios de malestar emocional, no te excluimos de esta conversación. Cuando estamos involucrados en una actividad que incluye una serie de pasos que siguen un orden específico, nuestra mente se centra en ese orden y se evade de la realidad, por lo menos durante unos minutos.

UNA RUTINA PUEDE LLEGAR A SER MUY PLACENTERA

Piensa en todas esas texturas y fragancias. El momento de aplicación de la rutina puede conseguir ser una experiencia sensorial muy placentera. Si consigues reunir esos productos cuya cosmeticidad encaje con tus preferencias, aplicarlos será un placer para el tacto y el olfato. Convertir una tarea diaria en algo placentero hará de tu rutina de belleza un auténtico ritual de belleza.

CUIDARTE PROYECTA UN MENSAJE POTENTE AL EXTERIOR

Al cuidarte, le estás diciendo al mundo que te importas a ti misma y que te mereces esa rutina, al margen de cuántos pasos la conformen. Es un acto de amabilidad hacia tu persona y un ejercicio de empoderamiento y autoestima.

RUTINA COREANA FRENTE A RUTINA OCCIDENTAL

Por suerte, cada vez es más fácil descubrir técnicas, productos y rutinas alrededor del mundo ¡sin moverte de casa! Hemos adaptado muchas de las técnicas asiáticas y las hemos introducido con fuerza en nuestras rutinas de belleza. Sin embargo, existen algunas diferencias de base entre la rutina de belleza de otros países y la coreana, o por lo menos en cuanto a su origen.

Uno de los puntos de inflexión está en la limpieza facial. ¿Desde cuándo estás utilizando un aceite limpiador, si lo usas? Estamos seguras de que no hace mucho, y probablemente sea por al auge asiático de la doble limpieza, que consiste en ampliar la limpieza a dos pasos con un limpiador de base oleosa y otro de base acuosa. De hecho, en MiiN no pudimos resistirnos a desarrollar nuestra propia versión de este tipo de producto tan icónico y querido por las coreanas, que cobró vida en 2022: el Vitamin E-Raser Cleansing Oil de nuestra segunda marca propia, Meisani. Mientras que en Asia estaban más que acostumbradas a usar esa técnica, en otros países utilizan el agua micelar, el desmaquillante bifásico o las toallitas desmaquillantes. De hecho, hoy en día estos productos siguen presentes en miles de rutinas de belleza. Otro de los productos más icónicos que hemos utilizado para desmaquillarnos es la leche desmaquillante, un producto que, como los desmaquillantes bifásicos, se compone de parte oleosa y acuosa.

Otro de los puntos más diferenciales entre ambas rutinas es el uso de la protección solar. Nos hemos acostumbrado a utilizarla únicamente cuando pasamos mucho tiempo en un exterior soleado: en la playa, esquiando... Y hemos tardado muchos años en comenzar a concienciarnos de que la protección solar es la pieza clave en una rutina de belleza diaria, independientemente de si vamos a exponernos en el exterior de nuestra casa más de diez minutos. Probablemente, este punto sea el que más sorprenda a una asiática. En Oriente, la aplicación de protección solar (sobre todo con SPF50+) es fundamental en cualquier rutina de belleza desde la adolescencia; se enfocan en la prevención de los signos de la edad y en el mantenimiento, más que en su corrección, lo cual sería una perspectiva más occidental. Las coreanas no solo se llevarían este producto a una isla desierta, sino también al círculo polar ártico y, probablemente, a cualquier rincón del mundo. Una protección solar adecuada no solamente previene el daño directo de los rayos UVB y UVA en la piel, sino que, si contiene los ingredientes adecuados, también previene el daño de los radicales libres, de la contaminación y de otras partículas que se encuentran en suspensión del aire (humo, aerosoles, óxido de nitrógeno...). Tan importante es aplicarla antes de salir de casa como reaplicarla cada dos a cuatro horas. En Corea, las marcas cosméticas y farmacéuticas invierten millones para crear un surtido de protección solar increíble, habiendo llegado a ser pioneros en conseguir las texturas más increíbles. Es un imprescindible en todas sus formas: tanto en cremas ligeras como en prácticos *cushions*, *BB* creams, *sticks* o brumas.

También destaca en Corea el uso de una mascarilla de tejido... diaria. Son fáciles de llevar, sus funciones son inmediatas y tienen un efecto «buena cara» al instante que engancha. Hay millones de mascarillas distintas en el mercado y aunque las más populares son las hidratantes y calmantes, cada vez más optan por fórmulas reafirmantes e iluminadoras. Puede que en Occidente parezca una locura, pero en Asia es habitual que las chicas —¡y los chicos!— utilicen mascarillas de tejido incluso en el trayecto de un vuelo y a diario.

Finalmente, una de las diferencias más importantes entre ambas rutinas es la cantidad de productos. Hasta hace poco, una rutina de belleza básica se componía de tres o cuatro productos como mucho. Sin embargo, en Asia llevan mucho tiempo utilizando la rutina de los diez pasos, aunque últimamente se tiende de nuevo a reducirla. Algunos productos como la *sheet mask*, la esencia o la mascarilla de noche han tardado en aparecer en el mercado cosmético.

Hoy en día, hemos adaptado gran parte de las tendencias coreanas. Por ejemplo, el uso de la esencia o las *BB creams* nace en Corea del Sur. De la misma forma, ¡son muchas las coreanas que sienten pasión por la cosmética europea! ¿Sabías que allí triunfa la cosmética francesa y las marcas habituales en farmacias europeas?

(DOMINA) LOS DIEZ PASOS

A lo mejor pensarás que es una locura, pero ¿sabías que las coreanas utilizan los diez pasos prácticamente todos los días? Lo cierto es que pasar de una rutina de dos o tres productos a una de diez pasos puede ser abrumador. Lo entendemos y, por si te lo estabas preguntando, no tienes que aplicarte los diez pasos dos veces todos los días ni tiene por qué ser necesario que sigas este proceso. Cada vez tendemos más al minimalismo tanto en Oriente como en Occidente. Eso sí, conocer el porqué de cada uno de los diez pasos te será muy útil a la hora de seleccionar cuáles son los más adecuados para ti.

¡Empecemos por la rutina más básica! Ya te lo avanzábamos en el capítulo uno: cualquier rutina cosmética minimalista deberá tener estos cuatro pasos. Por favor, ¡no te los saltes!

01. Limpiador.
02. Tratamiento(s). Este sería el paso más opcional dentro de estos cuatro pasos si no tienes preocupaciones específicas. El tratamiento puede estar en el paso del tónico, de la esencia o del sérum, o en todos, y ser distinto por el día y por la noche.
03. Hidratante.
04. Protector solar.

Esta pequeña rutina es todo lo que tu piel necesita si no está acostumbrada a un tratamiento facial regular: limpieza básica, tratamiento y protección. Todo unificado en tres o cuatro pasos.

Si ya tienes un hábito regular de cuidarte la piel y disfrutas de rutinas más complejas, puedes pasar al siguiente nivel, introduciendo, por ejemplo, el limpiador oleoso o distintos tratamientos.

No te recomendamos que pases de cero a diez. Probablemente, tu piel no tolere bien la rutina y, si no estás acostumbrada, tal vez te agobies a medida que la repitas, lo cual hará que la dejes de lado. Introduce los productos de uno en uno, y siempre realizando una prueba del parche previa en el antebrazo o en la zona de delante de la oreja: esto te ayudará a comprobar si toleras bien el producto y, en caso de alguna reacción adversa, siempre sabrás identificar qué producto nuevo te la ha causado. Recuerda que hay pasos, como el exfoliante, que solo es necesario hacer de forma semanal o bisemanal.

Ahora sí, por si no la conocías, esta es la rutina completa de diez pasos de la cosmética coreana.

PASO 1. LIMPIADOR OLEOSO

Se trata del primer paso del sistema de doble limpieza, implementado por las coreanas. En Occidente estamos acostumbradas a utilizar desmaquillantes bifásicos, agua micelar o incluso toallitas desmaquillantes (¡horror!), que serían más o menos nuestros equivalentes a este primer paso o, en el peor de los casos, a ambos pasos.

En Corea del Sur, sin embargo, es tendencia optar por realizar un primer paso de doble limpieza con aceites o bálsamos, también llamados «limpiadores oleosos» de manera genérica. Ambos ayudan a retirar los restos de maquillaje, protección solar, residuos grasos e impurezas acumuladas durante el día y, por lo tanto, a limpiar la piel de forma más efectiva. Este paso es también el mejor aliado para el maquillaje resistente al agua: la fase oleosa derrite el maquillaje *waterproof* y lo retira del rostro fácilmente, con la ventaja de que no es necesario frotar en exceso ojos ni pestañas, lo cual contribuye a protegerlos. Puedes optar por uno de ambos formatos, dependiendo de tus preferencias personales: los aceites suelen ser los preferidos de las personas con piel grasa por su textura ligera, mientras que los bálsamos les encantan a la gente que usa un maquillaje potente.

El aceite limpiador no solo retira el maquillaje, sino que también ayuda a eliminar la suciedad acumulada durante la noche (el sudor, el producto de la noche anterior, etc.). Combinado con un limpiador de base acuosa en un régimen de doble limpieza, conseguirá una piel purificada para afrontar mejor el día, por lo que puedes incluir un aceite limpiador en tu rutina de día, sobre todo si te preocupan el tamaño de los poros y la aparición de puntos negros. Es algo opcional, ¡claro! Te recomendamos que lo pruebes durante unos días y compruebes en primera persona si es el método que mejor te funciona y cómo cambia tu piel.

Cantidad adecuada de limpiador oleoso:
Si se trata de un bálsamo, solo necesitas el equivalente a una moneda de **50 céntimos**.
Si tu desmaquillante en aceite es líquido, intenta replicar esta moneda también, pero si te resulta complicado, te informamos que **dos *pumps*** suelen ser suficientes para desmaquillar tu rostro y cuello perfectamente.

PASO 2. LIMPIADOR ACUOSO

Este es el segundo paso del régimen de doble limpieza. Los limpiadores acuosos son productos que contienen agua (excepto el formato polvo) y tensioactivos en su formulación. Se encargan de retirar de la piel cualquier residuo que se haya resistido tras el paso del limpiador oleoso. Ya sea en formato gel, espuma, barra sólida, polvo... es un paso imprescindible en todas las rutinas de belleza, sean extendidas o minimalistas: una piel limpia es una piel más sana.

Cantidad adecuada de limpiador acuoso:
Una mora será nuestra referencia. Recuerda que la sensación que debes tener al terminar con la limpieza no es de tirantez: eso significaría que estás eliminando por completo todos los aceites naturales de la piel, y no es lo que queremos. ¡Una mora de producto es más que suficiente para dejar tu piel limpia!

PASO 3. EXFOLIANTE

Los exfoliantes son los encargados de retirar las células muertas de la piel y de mejorar su textura. Entre ellos se incluyen productos con porcentajes altos de ácidos AHA, BHA o PHA. ¿Su contrapartida? En algunas ocasiones, su abuso puede hipersensibilizar la piel. No es buena idea exponer la piel al sol después de utilizar un exfoliante potente, y mucho menos si somos principiantes en cuanto a su uso. Para prevenir, mejor utiliza los exfoliantes en tu rutina nocturna y solo las veces que lo indique cada envase. En la mayoría de los casos, solo será de una a tres veces a la semana. Si tu piel los tolera y nos prometes que vas a protegerte muy muy bien del sol, podrías utilizarlos a concentraciones bajas en tu rutina de día.

Puedes exfoliarte la piel en el marco de tu rutina de una a tres veces por semana, aproximadamente. Conviene diferenciar varios tipos de exfoliantes.

EXFOLIANTES FÍSICOS O MECÁNICOS: Se llaman así porque físicamente, a través de unos gránulos, eliminamos las células muertas de la capa superior de la piel con una acción mecánica.

La exfoliación física o manual consiste en frotar tu rostro con un agente para eliminar las células muertas de la capa superior de la piel. Al frotar el rostro, desprendemos las células muertas.

Los exfoliantes físicos contienen gránulos, naturales o sintéticos, que hacen esa función exfoliante. Algunos de los gránulos naturales son la avena molida, el hueso de nuez o bien azúcar o sal. A no ser que sean de partícula muy fina y delicada, en general este tipo de exfoliantes no serían adecuados si tienes la piel sensible.

EXFOLIANTES QUÍMICOS: De textura acuosa o en crema, no contienen gránulos y consiguen, mediante la inclusión de ácidos en su fórmula, que las células de las capas superiores de la piel se descamen al causar diferentes reacciones químicas que las desprenden.

Los exfoliantes químicos funcionan de manera diferente a los exfoliantes mecánicos. Las células muertas están unidas a tu piel a través de un «pegamento» natural. El ingrediente químico disuelve este «pegamento» que mantiene unidas a las células muertas, de modo que las desprende y las elimina. Los ácidos más frecuentes son, como hemos visto, AHA, BHA o PHA.

Un exfoliante químico efectivo es el ácido salicílico (BHA) contenido en el Puri-tea Salicylic Acid Gel Cleanser de Meisani, así como en varios productos de Ondo Beauty 36.5. El BHA elimina las células muertas y disuelve el sebo del interior de los puntos negros, ayudando a limpiarlos y a que visualmente parezcan más pequeños. También se encarga de iluminar la piel y conseguir un tono más uniforme, luchando contra manchas e imperfecciones; por tanto, es ideal en especial para pieles grasas y mixtas, con puntos negros o granitos.

EXFOLIANTES ENZIMÁTICOS: Su modo de acción se asemeja en cierto modo al exfoliante químico, pero en este caso, para conseguir la exfoliación, la molécula que causa la reacción es una enzima (proteína) en lugar de moléculas químicas más sencillas. Son exfoliantes más suaves que los anteriores.

Las enzimas son moléculas que catalizan las reacciones químicas de otras sustancias. Trabajan en tu piel disolviendo los tejidos muertos, eliminando las células muertas sin necesidad de exfoliar la piel como con un exfoliante físico. Las enzimas más populares suelen ser las de papaya (papaína) y piña (bromelaína), pero también existen otras menos conocidas, como la proteasa. Son ingredientes muy aptos para iniciarse en la exfoliación si tu piel es sensible.

Cantidad adecuada de exfoliante:
Guíate por el tamaño de **una nuez** (¡pelada!) cuando apliques tu exfoliante mecánico, y recuerda que debes masajearte la piel húmeda con suaves movimientos circulares para no dañarla.
Si hablamos de exfoliantes químicos, normalmente el envase te indicará la cantidad adecuada. Aunque los hay muy diferentes, con **una avellana** suele ser suficiente.

PASO 4. TÓNICO

El tónico hidrata la piel con su textura ligera y su rápida absorción, dejándola lista para utilizar los demás productos. Un tónico adecuado ayudará a mejorar tu piel desde el primer uso. ¿Es necesario? Como casi todo, ¡no! Pero puede ser muy beneficioso y agradable si te gustan este tipo de texturas.

El tónico prepara la piel para los futuros tratamientos y, aunque se dice que ayuda a equilibrar el pH de la piel, esta función está un poco desfasada, ya que actualmente las marcas tienden a formular limpiadores con pH fisiológicos que no lo desequilibran, por lo que no sería necesario reequilibrarlo. Hoy en día, las funciones del tónico facial pueden ser múltiples: los hay que ayudan a aliviar y calmar la piel, otros que minimizan la aparición de granitos, con efecto antiedad, despigmentantes, exfoliantes, etc.

Se puede aplicar con la ayuda de una almohadilla de algodón, aunque en Corea del Sur suelen hacerlo a toquecitos con los dedos. Asimismo, es muy común que el tónico se aplique con una almohadilla de algodón, y habitualmente se utiliza como toque final de la limpieza. Debido a esto, solemos deslizar la almohadilla de algodón previamente humedecido por todo el rostro, como intentando limpiar los restos de suciedad que hayan podido quedar en la piel. Toma nota: lo estábamos haciendo mal. El tónico es un producto que sirve de puente entre la limpieza y el tratamiento, un producto que puede hidratar, calmar o incluso exfoliar la piel, pero no la limpia. ¡No es un producto de limpieza! De hecho, los tónicos en Corea están repletos de ingredientes que nos ayudan a tratar la piel, pero si los usamos como si fueran agua micelar, ¿qué sentido tienen en nuestra rutina?

El tónico, según las expertas coreanas, se aplica con la técnica del «tap-tap». Una técnica muy sencilla, créenos. Consiste en aplicar el tónico en la palma de nuestras manos y, seguidamente, apretar las palmas contra el rostro, dando toquecitos lentos. De esta forma lo que conseguimos es, primero, ayudar a que el tónico penetre mejor en la piel, pues no lo estamos arrastrando con una almohadilla de algodón. Y segundo: calentamos el producto. Al estar en contacto con nuestras manos previamente, el líquido se templa ligeramente, algo que agradecerás sobre todo en los meses de invierno. Y en tercer lugar, evitarás desperdiciar tanto producto y le ahorrarás (a tu bolsillo y al planeta) desperdiciar una almohadilla de algodón. Para poder realizar esta técnica, muchos tónicos de cosmética coreana se desarrollan con una viscosidad más alta que la del agua, para que no sean tan líquidos ni resbalen tanto entre los dedos, como sucede con el Rice & Shine Hyaluronic Acid Essence Toner de Meisani.

Recuerda que si has limpiado correctamente la piel, sobre todo tras la doble limpieza, no necesitas otro producto adicional para limpiarla, y mucho menos un tónico.

Cantidad adecuada de tónico:
Cuatro gotas son más que suficientes para conseguir sus beneficios. A nosotras nos gusta aplicarlas directamente sobre las palmas de las manos y, de ahí, al rostro. Así no desperdiciamos producto en una almohadilla de algodón.

PASO 5. *SHEET MASK* (Y PARCHES PARA OJOS)

El producto estrella de la cosmética coreana es la *sheet mask* o mascarilla de tejido. Puedes incluirla en tu rutina dos o tres veces a la semana, aunque las coreanas pueden llegar a utilizar una a diario, incluso en público. Parece una locura, pero después de probar los beneficios que almacenan estas pequeñas joyas, lo podemos llegar a entender: una mascarilla coreana contiene muchísimas propiedades concentradas que ayudan a mimar tu piel en un ratito. Un consejo: póntela tanto tiempo como te indique cada envase y aprovecha para relajarte durante esos minutos. Tu piel te lo agradecerá.

Tú decides cuándo disfrutarla. La solemos utilizar en la rutina nocturna para así aprovechar y relajarnos mientras vemos nuestra serie favorita o nos ponemos al día con nuestro *feed* de Instagram, pero son muchas las coreanas que la utilizan solo en la rutina de día. Tiene una explicación: las mascarillas tienen un efecto muy rápido, ya que ves los resultados en veinte minutos y se notan. Así que ¿por qué a veces desaprovechamos ese momento yéndonos a dormir? Si tienes tiempo, durante el día, prueba a aplicarte una mascarilla antes de salir de casa (ya nos lo agradecerás luego).

Para antes de maquillarte suelen quedar geniales las mascarillas iluminadoras y los parches para ojos (que también se incluirían dentro de este paso). Para la noche, mejor las que son limpiadoras (como las *bubble masks*), nutritivas o calmantes.

Ya conoces el propósito de las mascarillas de tejido: permitir que tu piel reciba sus beneficios en un corto período de tiempo (generalmente, de 15 a 20 minutos), *on-the-go*, contribuir a la absorción de los activos gracias a la oclusión que realizan y ¡ayudar a relajarte mucho!

¿REALMENTE DEBO APLICAR UNA MASCARILLA DE TEJIDO O PARCHES PARA OJOS A DIARIO?

Seguro que alguna vez te has preguntado: «Pero ¿las coreanas realmente se aplican una mascarilla todos los días?». Sorprende que las coreanas que cuidan mucho su piel sí lo hacen. En las rutinas coreanas siempre se incluye una mascarilla de tejido después del tónico. A lo mejor pensarás que es una locura, pero hacerlo puede proporcionar múltiples beneficios:

- **TU PIEL NUNCA ESTARÁ DESHIDRATADA.** Los parches para ojos, por su lado, aportan ese momento «despertar» de la mirada.
- **PERMITE APORTARLE A TU PIEL LO QUE PRECISA EXACTAMENTE ESE DÍA.** ¿Nutrición? ¿Luminosidad? ¿Calma? Puedes utilizar una mascarilla específica para ello y asegurarte de que recibes lo que más necesitas de forma inmediata.
- **ES UNA MUY BUENA FORMA DE CONOCER MÁS A TU PIEL, SOBRE TODO SI TE ACABAS DE INICIAR EN EL MUNDO *BEAUTY*.** ¿Quieres probar si tu piel acepta bien un sérum de vitamina C? ¡Prueba antes con una mascarilla de vitamina C! Así, si no te sientes a gusto con ella, evitarás invertir en un sérum más caro. También es una forma de acertar con el resto de los productos: es muy común que en una línea de *k-beauty* puedas disfrutar de distintos productos. Por ejemplo: imagina que quieres probar ese tónico de mucina de caracol, pero tienes dudas sobre si te irá bien. ¡Fíjate si la misma línea dispone de una mascarilla! La formulación tendrá puntos en común.
- **MENTALMENTE, BRINDA UN MOMENTO DE TRANQUILIDAD Y DESCONEXIÓN A NUESTRA RUTINA.** Los beneficios de aplicarte una mascarilla al día también son psicológicos.

Consejo de expertas para introducirte en el mundo de las *sheet masks*:
¿Pensando en probarlo? Te recomendamos que lo hagas paulatinamente. Durante la primera semana, puedes aplicar una. Durante la segunda semana, aumenta a tres, alternando los días. Durante la tercera semana, podrías aplicar una diaria.

PASO 6. ESENCIA

La esencia es el gran desconocido de Occidente y un paso icónico de cualquier rutina coreana. Se trata de un paso intermedio entre el tónico o la mascarilla de tejido y el sérum. Su textura es acuosa e hidratante. Es un producto con una viscosidad intermedia, no tan fluido como el agua ni tan denso como una loción. Suele incluir en su formulación un potente cóctel de activos a una concentración alta, que se focalizan en mejorar preocupaciones concretas que tenemos respecto a la piel, como textura, luminosidad o tono desigual.

A diferencia de los otros productos, la esencia suele focalizarse en problemas específicos de la piel, como las manchas, las arrugas o la luminosidad. Si te preocupa alguno de estos aspectos y te encantan las texturas ligeras, es aconsejable que busques los activos de tu interés en una esencia coreana.

Cantidad adecuada de esencia:
La esencia es un producto que tiende a contener porcentajes altos de activos, y para que tu piel se beneficie de todos ellos solo necesitas **un chícharo.** ¡Eso es todo!

PASO 7. SÉRUM

El sérum es un paso más conocido entre el público. Puede compartir funciones con la esencia, aunque su viscosidad suele ser algo mayor. Se caracteriza por su rápida absorción y suele presentarse en formato acuoso (aunque también los hay en emulsión o en aceite). Este formato se percibe muy agradable en todo tipo de pieles. Al igual que la esencia, son productos concentrados que suelen considerarse de tratamiento, es decir, se centran en tratar preocupaciones muy específicas de la piel de forma intensiva.

Suelen tener una textura bastante poco viscosa que se presta a su presentación en pequeños, potentes y prácticos goteros (eso sí, ¡nunca dejes que la punta del *dropper* te toque la piel!) Deja caer unas gotitas de sérum en los dedos y extiéndelo sobre la piel del rostro con ellos. Si realizas ambos pasos, esencia y sérum, puedes aprovechar para buscar distintos activos en ellos que contribuyan a mejorar diferentes aspectos de la piel.

Cantidad adecuada de sérum:
La cantidad similar al tamaño de **un chícharo** o, si lo prefieres, de **una perla** es todo el sérum que necesitas. No es necesario más, por ser productos que suelen contener concentrados de activos.

PASO 8. CONTORNO DE OJOS

La piel del contorno de ojos es mucho más fina que la del resto del rostro. Además, tiene necesidades específicas, ya que es la primera zona donde se revelan los signos del envejecimiento y se encuentra cerca del lagrimal, cuya mucosa tiene un pH diferente al de la piel, más cercano al pH neutro de 7.0. Por ese motivo requiere un cuidado especial. La prevención de la aparición de los signos de la edad siempre comienza en el contorno de ojos.

Puedes encontrar contornos de ojos con distintas texturas según tus necesidades: sérums intensivos específicos para el contorno; cremas superhidratantes o que sirven como una prebase perfecta para el maquillaje, etc. Los productos de contorno de ojos tienden a formularse de la siguiente manera:

- **CON UN PH CERCANO A 7.0** para no producir picor en los ojos, por si accidentalmente introducimos algo de producto en ellos.

- **CON UNA SELECCIÓN Y CONCENTRACIÓN DE ACTIVOS ESPECÍFICA, AJUSTADA A LA NATURALEZA DE ESA PIEL.** Pueden incorporarse en un porcentaje mayor, por sus beneficios (como sucede con la cafeína o los péptidos), o menor, para evitar irritaciones (como sucede con los retinoides). Algunos ingredientes como las siliconas proporcionan efecto *soft focus* que difuminan visualmente las líneas finas y ayudan a que el maquillaje se asiente mejor; otros pueden tener efecto tensor superficial, que es efímero. ¡No son una inyección de bótox!
- **SIN FRAGANCIA.** La piel del contorno de los ojos es muy sensible y la fragancia podría considerarse innecesaria.
- **CON SISTEMAS CONSERVADORES QUE ASEGUREN QUE SE EVITE AL MÁXIMO UNA CONTAMINACIÓN MICROBIANA.** No sería buena idea aplicar un producto con riesgo de contener bacterias cerca del ojo.

Esto no quiere decir que algunos productos faciales no puedan ser aptos para el contorno de ojos, y viceversa. Por ejemplo, ¿has probado a aplicar nuestro contorno Niacinamide & Green Tea Eye Serum en el resto del rostro? ¡Tenemos usuarias a las que les encanta usarlo así! Una crema básica puede ser también perfectamente aceptable para tu contorno de ojos si no tienes requerimientos especiales para esa zona.

Cantidad adecuada de contorno de ojos:
El contorno de los ojos es una zona muy delicada... pero ¡muy pequeñita! Necesita cuidados específicos, pero con **un grano de pimienta (o de arroz) por ojo** es más que suficiente.

PASO 9. HIDRATANTE

Es uno de los últimos pasos y busca fundamentalmente hidratar la piel, reforzar su función barrera y sellar mediante un film los productos que hemos aplicado previamente. También puede contener activos con funciones de tratamiento.

Dispones de distintos formatos: en crema, si prefieres texturas densas y ricas; en loción o cremigel, si te gustan intermedias, y en gel, si buscas una sensación muy ligera y no oclusiva.

Cantidad adecuada de hidratante:
Una almendra para el rostro y dos almendras si incluimos el cuello y el escote (algo que deberíamos hacer). Es suficiente para hidratar bien nuestra piel, dejando que el producto se absorba y evitando así esa temida sensación pesada.

PASO 10 SI ES DE NOCHE. *SLEEPING PACK*

También conocida como «mascarilla de noche», se trata de una mascarilla en una textura cremosa o gelatinosa que se aplica justo antes de ir a dormir y se retira al día siguiente con agua. ¡No mancha las sábanas! Puede incluso reemplazar a la hidratante o usarse como mascarilla con aclarado exprés.

Cantidad adecuada de *sleeping pack*:
Nos encanta aplicarnos una capa gordita de mascarilla nocturna antes de ir a dormir un par de noches a la semana para despertar con la piel radiante. ¿Su medida? **Una moneda de dos pesos** para cubrir bien el rostro y el cuello.

PASO 10 SI ES DE DÍA. PROTECCIÓN SOLAR

El último paso por excelencia de todas las coreanas es ponerse una protección solar alta. No puede faltar en una rutina diaria, y mucho menos si vas a exponerte al sol. Aunque apliques una *BB cream* que contenga protección solar, ¡no olvides que la cantidad que usamos no suele ser suficiente para proteger! Primero se aplicaría el protector *per se*.

Cantidad adecuada de protector solar:
Aquí nos ponemos serias. Si hay un producto en el que no debes escatimar, es el protector solar.
Para productos en crema o gel, te recomendamos que utilices una cantidad de 2 mg de producto por centímetro de piel para rostro, cuello y escote, lo que sería el equivalente a **una cucharadita de café.** Algunos hablan de **la regla de los dos dedos:** untar dos dedos con una línea de protector desde su inicio hasta su extremo y aplicarlo sobre el rostro. Aplicar una cantidad menor a la recomendada disminuye drásticamente la eficacia de la protección solar.
Para productos en *stick*, bruma u otros formatos, asegúrate de seguir las recomendaciones del envase. Si lo usas correctamente, un protector solar facial de 50 ml (tamaño estándar), ¡debería durarte aproximadamente un mes!

¿CÓMO PODRÍA SER UNA RUTINA PARA MÍ?

Según la respetada especialista en dermatología cosmética y autora, la doctora Zoe Draelos, una buena forma de ilustrar un cuidado de la piel con sentido sería su conocidísima «pirámide de la salud y la belleza de la piel», en la cual, de más a menos importancia, se indican cuáles serían las funciones y los ingredientes que habría que introducir en una rutina de belleza.

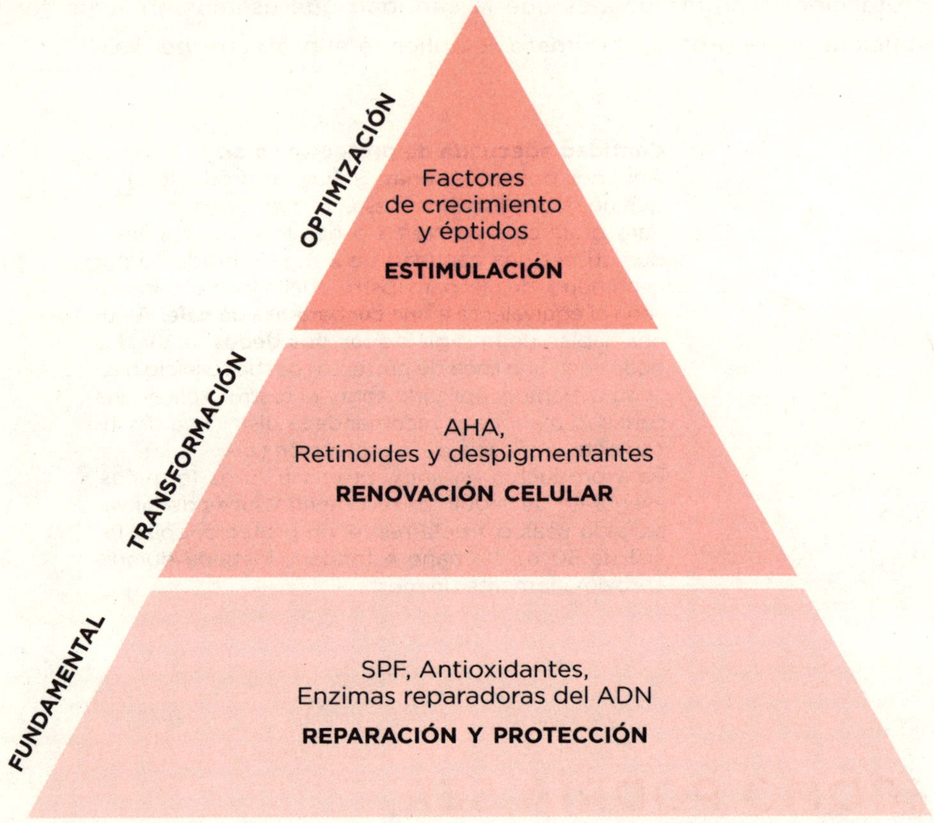

Como puede observarse en la pirámide, existen tres niveles. Nuestra prioridad debería ser tener los niveles inferiores cubiertos antes de plantearnos introducir funciones de un nivel superior, pues carecería de sentido en términos de beneficio proporcionado a la piel y también a nivel económico.

NIVEL 1 O FUNDAMENTAL. Se busca la protección y reparación mediante la protección solar y el uso de antioxidantes, entre otros (¿recuerdas, por ejemplo, las vitaminas de las que hablábamos en el capítulo dos?). Nosotras añadimos como esencial la limpieza de la piel.

NIVEL 2 O TRANSFORMACIÓN. Se buscan la hidratación, la renovación celular y la exfoliación mediante ingredientes como humectantes y transformadores de la piel, como retinoides y exfoliantes de diversa índole (ácidos, enzimas, etc.).

NIVEL 3 U OPTIMIZACIÓN. Se busca redondear y perfeccionar la rutina mediante la adición de ingredientes como péptidos y factores de crecimiento.

¿Y cómo se solapa esta pirámide con la rutina de belleza coreana? Te adjuntamos a continuación dos ejemplos de rutinas que podrían seguir dos polos completamente opuestos: la piel grasa y la piel seca. Hemos marcado los pasos que consideramos indispensables con un asterisco (*); pertenecerían a una rutina básica que, como hemos visto, se compone, a modo general, de limpiador + tratamientos + hidratante + protección (solar y antioxidantes). Incluye ingredientes y funciones de los niveles 1 y 2 de la pirámide de la doctora Draelos. También hemos incluido más pasos para una rutina más avanzada.

En cualquier caso, no tomes estos esquemas como si fueran la norma; son solo dos ejemplos para dos puntos muy concretos del espectro de la piel y, aunque los uses como referencia, siempre deberás ajustarlos a tu caso concreto. Por ejemplo, podrías encontrar que, siguiendo la rutina A, sientes la piel un poco deshidratada; eso significaría que la exfoliación estaría siendo excesiva y que debes espaciar los productos con ácidos o retinoides mientras refuerzas la función barrera. Te contaremos más sobre cómo pasar a una rutina avanzada con ellos en la siguiente sección.

Ajusta siempre tu rutina a tus necesidades, no a tu edad. Es un mito que a cada edad necesitemos un tipo de producto, ya que todo dependerá del estado de tu piel (si te has expuesto más o menos al sol, si fumas, si te alimentas bien, etc.).

En especial, si eres una persona con piel sensible o sensibilizada, con trastornos dermatológicos, embarazada o con requerimientos especiales con respecto a los productos, consulta con las *beauty advisors* de MiiN Cosmetics para que te ayuden a personalizar al cien por ciento tu rutina.

RUTINA A: PARA UNA PIEL GRASA, CON O SIN TENDENCIA ACNEICA		
PASO	DÍA	NOCHE
LIMPIADOR OLEOSO	Vitamin E-Raser Cleansing Oil (Meisani)	
LIMPIADOR ACUOSO*	Puri-Tea Salicylic Acid Cleansing Gel (Meisani) o Charcoal & Willow Purifying Cleansing Bar (Ondo Beauty 36.5)	
EXFOLIANTE	Pink Clay & Rose Pore Cleansing Mask (Ondo Beauty 36.5) o Charcoal & Yuja Bubble Mask (Ondo Beauty 36.5)	
TÓNICO*	Rice & Shine Hyaluronic Acid Essence Toner (Meisani)	Aloe Bha Toner (Benton)** o Bha Blackhead Power Liquid (Cosrx)** (noches alternas con el sérum, descansando entre ambas)
SHEET MASK	Probiotics & Cica Water Soothing Mask (Ondo Beauty 36.5) y Caffeine & Green Tea Eye Patches (Ondo Beauty 36.5)	
ESENCIA	Vinegar Kombucha Essence (Juice to Cleanse)	
SÉRUM*	Glow Drops Vitamin C Serum (Meisani)	Blue Elixir Retinol Serum (Meisani)**
CONTORNO DE OJOS	Niacinamide & Green Tea Eye Serum (Ondo Beauty 36.5)	
CREMA*	Niacinamide Cucumber Aqua Gel Cream (Meisani)	
PROTECCIÓN SOLAR*/ MASCARILLA DE NOCHE	I'm Aqua Sun Essence (Suntique)	Squalane & Bakuchiol Aqua Gel Cream (Ondo Beauty 36.5)
EXTRAS	Producto SOS: Master Patch Original Fit (Cosrx).	

***Pasos más esenciales.**

**La frecuencia de aplicación de los productos de exfoliación y renovación ha de ajustarse según las necesidades.

RUTINA B: PARA UNA PIEL SECA		
PASO	DÍA	NOCHE
LIMPIADOR OLEOSO	Vitamin E-Raser Cleansing Oil (Meisani)	
LIMPIADOR ACUOSO*	Calamine & Oatmeal Soothing Cleansing Bar (Ondo Beauty 36.5)	
EXFOLIANTE	N/A	AHA 7 Whitehead Power Liquid (COSRX) (noches puntuales y alternas con el sérum)
TÓNICO*	Rice & Shine Hyaluronic Acid Essence Toner (Meisani)	
SHEET MASK	Adenosine & Zhi Mu Lifting Mask (Ondo Beauty 36.5) y Caffeine & Green Tea Eye Patches (Ondo Beauty 36.5)	
ESENCIA	Centella Calming Gel Essence (Barr)	
SÉRUM*	Glow Drops Vitamin C Serum (Meisani)	Blue Elixir Retinol Serum (Meisani)
CONTORNO DE OJOS	Niacinamide & Green Tea Eye Serum (Ondo Beauty 36.5)	
CREMA*	Niacinamide Cucumber Aqua Gel Cream (Meisani)	
PROTECCIÓN SOLAR*/ MASCARILLA DE NOCHE	I'm Pure Perfect Cica (Suntique)	Squalane & Bakuchiol Aqua Gel Cream (Ondo Beauty 36.5)
EXTRAS	Para cuello y escote: Peptides & Ginseng Neck Treatment (Ondo Beauty 36.5)	

***Pasos más esenciales.**
**La frecuencia de aplicación de los productos de exfoliación y renovación ha de ajustarse según las necesidades.

CÓMO SUBIR DE NIVEL EN UNA RUTINA DE *SKINCARE*

Supongamos que ya dominas los esenciales de limpieza + hidratación + protección y te gustaría incorporar a tu vida uno o varios tratamientos que piensas que van a funcionarte para mejorar ciertas preocupaciones específicas. Estas pueden ir desde la textura, la luminosidad o la prevención del fotoenvejecimiento hasta la tendencia acneica. Ya has incluso elegido los activos que te parecen más interesantes. ¿Cómo hacerle este *level up* a tu rutina y a tu piel? No te preocupes: te contamos la mejor manera.

INTRODUCE TRANSFORMADORES COMO UNA PROFESIONAL

Probablemente estés pensando en introducir un cosmético con ácidos exfoliantes o retinoides en tu día a día, y a lo mejor te estás preguntando cómo hacerlo correctamente, ya que son ingredientes delicados que precisan algunas indicaciones más complejas que otros ingredientes cosméticos.

Lo más habitual es que estos ingredientes se incorporen en productos sin aclarado que se aplican justo tras la limpieza, como tónicos y sérums, y en ocasiones también se encuentran en algunas cremas y, con menor frecuencia, en limpiadores.

Para comenzar a usarlos y aprovecharlos al máximo toma nota de estos consejos.

- **¿QUÉ ÁCIDO O RETINOIDE ELIJO?** En cuanto a ácidos, elige el que mejor se ajuste a tus objetivos y al estado actual de tu piel (más sensible o menos). Ve de menos a más. Por supuesto, es muy recomendable empezar con los ácidos menos potentes (como los PHA, el ácido láctico o el ácido salicílico) y a largo plazo ir aumentando poco a poco la concentración con ácidos más potentes, según la tolerancia que observes en tu piel. Aplica la misma norma para los retinoides: comienza con los de menor potencia y prosigue hacia formas más directas y a mayor concentración, según la tolerancia. En el caso de que tu piel esté alterada con acné, rosácea, dermatitis... consulta primero con tu dermatólogo.
- **¿QUÉ TIPO DE PRODUCTO UTILIZAR PARA EMPEZAR CON ÁCIDOS O RETINOIDES?** Si tu piel es particularmente sensible, puedes probar

primero a incorporar estas sustancias en productos de aclarado (como en el caso de los limpiadores con BHA) o utilizando un producto *leave-on* y aclarándolo tras unas horas, aunque no se indique en la etiqueta que debe aclararse. Si notas cierto ardor al principio y te resulta molesto, u observas irritación con el paso de los días, puedes mezclar el producto con una hidratante o espaciar las aplicaciones hasta que tu piel se acostumbre al ácido o retinoide.

- **¿CUÁL ES EL MODO DE EMPLEO?** Nuestro consejo es que dejes actuar durante cinco minutos los ácidos, sin aplicar ningún otro producto a continuación; si ya estás acostumbrada a ellos, puedes ampliar este espacio de tiempo a quince o veinte minutos, o incluso a treinta minutos. Esto es porque si aplicaras otro producto de inmediato con un pH superior, el producto con ácidos ya no sería tan eficaz. Si es un retinoide, lo ideal es aplicarlo como paso único, aunque esto es complicado al principio, mientras la piel genera tolerancia. Por ello, puedes comenzar aplicándolo en combinación de una crema que ayude a reforzar la función barrera y amortigüe los efectos del retinoide. Puedes aplicar el retinoide tras aplicar la crema, dejando que se absorba bien cada paso antes de aplicar el siguiente; cuando tu piel haya generado tolerancia al retinoide, podrás utilizarlo como producto único, sin la ayuda de la crema.
- **¿CUÁNDO SE PUEDEN USAR?** Utilízalos preferentemente de noche: aunque la fotosensibilidad que pueden producir los ácidos y los retinoides se mantiene mientras dura el tratamiento y puede que hasta una semana después, lo más indicado sería usarlos de noche porque es el momento en que, probablemente, más tiempo tengas para dejarlos actuar durante un ratito sin aplicar otro cosmético inmediatamente después. Si puedes elegir, introdúcelos preferentemente en estaciones del año que no sean verano, ya que la exposición solar no es buena compañera para tu piel en el proceso de habituación a estos activos.
- **¿CON QUÉ FRECUENCIA LOS APLICO?** Para comenzar, es recomendable que los utilices una o dos noches por semana y observes cómo reacciona tu piel. Si todo va bien, podrás aumentar la frecuencia hasta utilizarlos cada dos noches o a diario.

- **¿CÓMO LOS INTRODUZCO?** Incorpóralos uno a uno, como todos los productos: así podrás determinar mejor cómo reacciona tu piel a ellos que si comienzas mezclando varios. Un buen intervalo de transición entre la introducción de un nuevo producto podría ser de un mes como mínimo, durante el cual mantendrías el uso del producto y aumentarías la frecuencia; en caso de éxito, al mes siguiente podrías aumentar la potencia.
  Como hemos dicho, los ácidos y los retinoides pueden causar sensibilidad al sol, por lo que es necesario el uso de protección solar mientras se estén utilizando y durante la semana posterior a dejar de hacerlo; en caso contrario, es posible que, en lugar de conseguir una piel con mejor aspecto, obtengamos justo lo contrario. En cualquier caso, ya sabes que el tratamiento antienvejecimiento más efectivo es el uso de un buen protector solar: te recomendamos utilizarlo todos los días del año, sin importar qué otros tratamientos estés empleando.
- **COMO CON LAS COPAS... NO MEZCLES.** Elige qué introducir: ácidos o retinoides, pero ¡no lo hagas a la vez! Solo podrás usar ambos cuando seas una usuaria experimentada, y si es necesario. A veces, menos es más.

AÑADE ALGUNOS COMPLEMENTOS EXTRA

No son necesarios, pero son, desde luego, una adición muy *nice* cuando dominas a la perfección todos los pasos de una rutina de belleza efectiva. ¿Preparada para conocer más?

DISPOSITIVOS ELECTRÓNICOS

Desde limpiadores faciales electrónicos hasta masajeadores de ultimísima tecnología, pasando por un sinfín de inventos pensados por y para llevar nuestros rituales cosméticos al siguiente nivel. Los *gadgets* de belleza siempre están de moda y actúan como un excelente accesorio para nuestras rutinas. La tecnología *beauty* avanza a pasos gigantescos y sin duda es un terreno en el que todavía queda mucho por hacer. Te nombramos los dispositivos electrónicos más famosos, que puedes integrar en tu rutina desde este momento:

- **LIMPIADORES ELECTRÓNICOS.** Son dispositivos creados para ir de la mano de tu limpiador favorito y, según sea su tecnología, ayudan a limpiar la piel de forma más profunda y a exfoliarla superficialmente. Los limpiadores con puntas de silicón están a la orden del día, pero también han tenido mucha importancia los cepillos electrónicos.
- **MASAJEADORES ELECTRÓNICOS.** Son dispositivos creados para combatir bolsas y patas de gallo, ayudar a que el producto cosmético se absorba mejor y a darnos ese momento de placer que nuestra piel se merece. La mayoría cuenta con una tecnología de microcorrientes imperceptibles.
- **TRATAMIENTOS CON LUZ LED.** Son cada vez más habituales en cabina, así que las marcas cosméticas empiezan también a realizarlos en versiones para casa. Por lo general, su tecnología posee un sistema de microcorrientes y luces que se adaptan a las necesidades de la piel. Aunque han demostrado ser muy eficaces para pieles acneicas, los hay para todo tipo de usos.
- **LUZ PULSADA.** Si ya conoces las clásicas depiladoras eléctricas, los dispositivos de luz pulsada han sido creados para debilitar el vello de nuestra piel en casa. ¡Cada vez son más comunes!

ESPONJA *KONJAC*

La raíz de *konjac* es un tubérculo (sí, como una papa) icónico en la cultura asiática. De ella pueden obtenerse ¡incluso alimentos!, como el «arroz» o los fideos de *konjac*. A partir de esta materia prima se producen las esponjas *konjac,* totalmente naturales y biodegradables, y con formas típicamente semiesféricas, en las que se infusionan, además, otros ingredientes beneficiosos, como el carbón o las arcillas rosas. Estas esponjas son rugosas y rígidas cuando están secas, pero al añadirles agua, se transforman en un utensilio suave y blando que podrás usar perfectamente junto a tu limpiador para producir más espuma con menor cantidad de producto, consiguiendo además una ligera exfoliación en la piel. ¿Has probado la esponja *konjac* de MiiN?

RODILLOS DE JADE Y GUA SHA

Hemos visto estos accesorios en infinidad de fotos, probablemente en tus cuentas de Instagram favoritas, en los neceseres de las asiáticas y decorando los espacios *beauty* más bonitos de Pinterest. El *roller* y la piedra Gua Sha están de moda, y te explicamos brevemente por qué.

Son dos complementos perfectos que introducir en tu rutina de belleza si quieres adentrarte en el mundo de los masajes y drenajes linfáticos. Con cada uso ayudamos a relajar los músculos del rostro (¡que suelen acumular mucha tensión!). El masaje favorece la absorción correcta de nuestros productos de belleza y puede contribuir a mejorar la circulación sanguínea del rostro, así como a evadirnos de los problemas diarios y a estar presentes en el aquí y ahora. Si investigas acerca de las técnicas adecuadas de drenaje linfático, favorecerás que fluya el exceso de líquidos en ciertas partes del rostro. Estos son motivos más que suficientes para incluir los *roller* y las piedras Gua Sha en tu rutina si te encanta acompañarla de un alto grado de sensorialidad y disfrute.

Hay piedras semipreciosas que conforman estos accesorios, como el jade verde o el cuarzo rosa. Ambas son conocidas por su superficie suave y lisa que las hace perfectas para proporcionar el masaje.

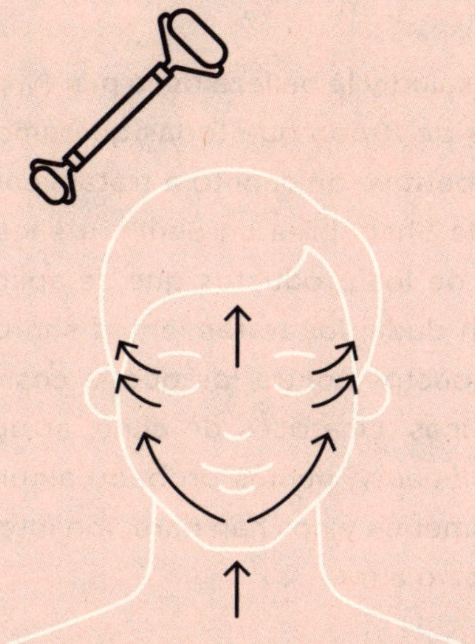

Cómo usar el rodillo:

01. Desliza el rodillo grande por tu cuello en movimientos ascendentes.
02. Pásalo por tu mandíbula de dentro hacia fuera, hasta llegar a las orejas.
03. También en movimientos ascendentes, ahora deslízalo por la frente, desde el entrecejo hacia arriba.
04. Ahora muy, muy suavemente por encima de tus ojos cerrados en dirección a tus sienes.
05. Con el rodillo pequeño, desliza el roller desde el lagrimal a la sien para descongestionar esta zona tan delicada y propensa a las bolsas.

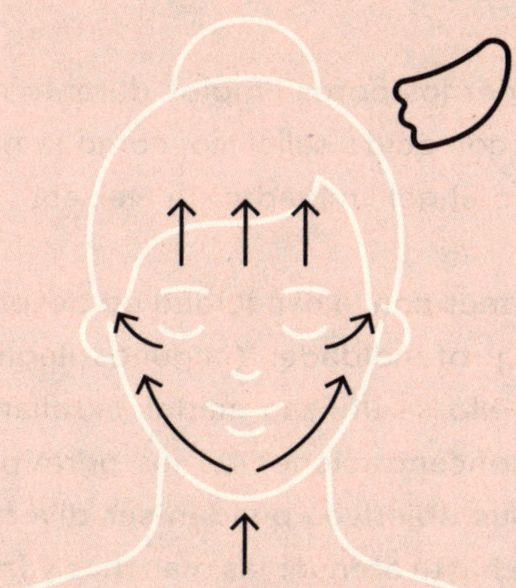

Cómo usar la piedra Gua Sha:

01. Tonifica tu cuello con la parte lisa deslizando la Gua Sha en movimientos ascendentes.
02. Ahora la mandíbula: deslízala siempre de dentro hacia fuera, hasta llegar a las orejas.
03. Después deslízala suavemente desde las mejillas hasta tus sienes.
04. Con la parte ondulada, masajea tu frente en movimientos ascendentes.

TRATAMIENTOS EN CABINA O MÉDICO-ESTÉTICOS

Corea del Sur, debido a su cultura de la salud y la belleza de la piel (y, por supuesto, a la piel perfecta de las *idols* de *K-pop* que todas queremos), es también un país pionero y muy competitivo en cuanto a tratamientos en cabina; no dejes de visitar el *spa* de Shangpree en Seúl si tienes la ocasión. En MiiN dispones de algunos de los productos que se aplican en ese mismo *spa*, para abrir boca. Sin duda, los tratamientos son una estrategia muy eficaz para mejorar aspectos contra los que la cosmética presenta limitaciones, como manchas, cicatrices de acné, arrugas profundas... Como curiosas del mundo *beauty*, hemos probado algunos tratamientos que van más allá de la cosmética y nos han parecido interesantes; te los contamos de menos invasivo a más.

LIMPIEZAS FACIALES: ¿Quién no las conoce? Son tratamientos que se recomienda realizar cada mes y que se centran en la higiene de la piel. Extraen imperfecciones como puntos negros y filamentos sebáceos para que se vea más bonita y uniforme. Nos interesan especialmente las limpiezas gentiles con la piel que no requieren una manipulación manual agresiva.

Tras una higiene facial, puedes mantener los poros limpios durante más tiempo mediante el uso de productos con ácido salicílico, como la mascarilla de arcilla de Ondo Beauty 36.5 o el gel limpiador de Meisani.

***PEELINGS* PROFESIONALES:** Son exfoliaciones con la capacidad de desprender capas de la piel hasta diferentes profundidades (¡algunos llegan a desprender toda la epidermis!). Para ello se utilizan ácidos exfoliantes como AHA o BHA, pero a mayores concentraciones de las permitidas en cosmética, fenol y otros activos. Sus objetivos pueden ser diversos: desde mejorar la luminosidad y el acné hasta atenuar las manchas y las líneas finas. Tras ellos, y dependiendo de la profundidad del *peeling*, quizá necesites unos días de recuperación en los que deberás utilizar protección solar religiosamente. Te aconsejamos I'm Medi 100% Zinc de Suntique, ya que funciona muy bien en pieles sensibilizadas.

MICRONEEDLING: El *microneedling* es una técnica que consiste en deslizar un instrumento con agujas (con aspecto de rodillo, bolígrafo o cabezal) sobre la piel, acompañado de tratamientos, por lo general sérums, para que así penetren mejor. Las agujas ultrafinas de estos instrumentos producen múltiples microperforaciones en la piel, con lo cual se induce la producción de colágeno y se ejerce un efecto de tensado y se mejora de la calidad de la piel. Además, facilitan la penetración de los activos para mejorar el aspecto y la salud de la piel. Se dice que pueden llegar a mejorar cicatrices, como las producidas por el acné grave.

Siempre ponte en manos de profesionales; hacerlo en casa no asegura la asepsia y los cosméticos no están pensados para penetrar a través de estos microcanales formados en la piel. Tras una sesión de *microneedling*, actúa como lo harías tras un *peeling*: que la protección solar sea tu mantra.

BÓTOX (Y BÓTOX COREANO): «Bótox» es la manera coloquial de referirnos a un producto muy popular empleado en medicina estética, cuyo principio activo es la toxina botulínica. Esta toxina la produce de forma natural una especie de bacterias llamadas *Clostridium botulinum*.

El efecto del bótox es neurotóxico, es decir, bloquea las conexiones entre el sistema nervioso y el músculo, lo cual resulta en la parálisis del músculo. ¡No te asustes! La palabra «tóxico» nos genera desconfianza enseguida, pero debes saber que esta toxina solo representa un peligro en cantidades extremadamente elevadas. Diluida en la dosis adecuada, no es tóxica y tiene muchísimas ventajas. Se aplica en medicina convencional para mejorar, entre otros, bruxismo y migrañas, pero también en medicina estética.

En medicina estética se aprovecha este efecto paralizante del músculo para prevenir que se generen arrugas de expresión (las que aparecen cuando sonreímos, nos sorprendemos o nos enfadamos) o que estas se hagan más profundas. Se tratan algunos músculos faciales para conseguir su relajación e inhibir su movimiento, lo cual frena el desarrollo de las arrugas y da lugar a un aspecto más joven. Esto es importante: el bótox es preventivo; no rellena las arrugas, sino que impide que se formen o que se hagan más profundas.

El bótox coreano no es más que una nueva marca que llega de Corea, pero la toxina es exactamente la misma. Se trata del mismo activo y tiene la misma efectividad, duración y seguridad. ¿La diferencia? Es un 25-30 por ciento más barato. En Corea también se aplica el «baby bótox» o toxina botulínica más diluida, muy económica. En breve se espera que se apruebe su uso, por lo que pronto podremos acceder al bótox más barato del mercado de forma segura.

¿Es necesario? Por supuesto que no. Nuestra piel es bonita con y sin arrugas, y nunca deberías sentirte obligada a hacerte ningún retoque. Simplemente te contamos que existe para que, si te interesa, puedas informarte más de la mano de un médico. ¡La información es poder!

CÓMO ADAPTAR TU RUTINA A TU ENTORNO

ZONAS CLIMÁTICAS CÁLIDAS O VERANO

Las condiciones ambientales del verano y nuestras circunstancias tienen consecuencias en nuestra piel, por lo que, llegado septiembre, quizá las veas reflejadas al mirarte en el espejo: tu piel está más opaca y deshidratada, tus poros están más obstruidos de lo que recordabas, aparecen brotes de acné que durante el verano parecían controlados, surgen manchas nuevas o se intensifican, etc.

No sabes bien cómo explicarlo, pero notas la piel menos luminosa y menos suave. ¡No son imaginaciones tuyas! El estrato córneo, la capa más externa de la piel, se compone de células muertas que se van desprendiendo progresivamente. Esta capa sufre el azote del aumento de la radiación UV en verano: para protegernos de la exposición solar excesiva, el estrato córneo aumenta su grosor. Las células muertas se acumulan y, en consecuencia, veremos una piel más apagada y rugosa (e, indirectamente, ¡esta acumulación de células muertas también contribuye a que los poros se bloqueen!).

¿Cómo nos deshacemos del exceso de células muertas? Mediante una exfoliación que, al mismo tiempo que efectiva, sea suave y uniforme: la exfoliación química. Te recomendamos muchísimo los alfa hidroxiácidos (AHA) si tienes la piel seca, mixta o grasa, y los polihidroxiácidos (PHA) y exfoliantes enzimáticos (por ejemplo, papaína y bromelaína) si la tienes sensible o eres principiante.

Un exceso de exfoliación tampoco es beneficioso, por lo que es muy importante que observes cómo reacciona tu piel al tratamiento exfoliante y te apoyes en productos calmantes al mismo tiempo. Sobre todo, huye de los exfoliantes caseros hechos con azúcar, sal o café: sus partículas son demasiado agresivas para la piel del rostro y pueden causar microlesiones, sensibilizarla e irritarla, además de no realizar una exfoliación homogénea.

No es que tengas más poros, ¡es que están más sucios! Las células muertas acumuladas junto con el sebo (en especial, si tienes la piel grasa o mixta) hacen que los poros se bloqueen y se muestren más visibles. Estos poros, si existe una producción sebácea excesiva, un crecimiento de la bacteria *C. acnes* o un ambiente concreto (como el ambiente húmedo que se genera al utilizar la mascarilla), pueden terminar derivando en problemas de acné o *maskne*.

¿Notas la piel tirante y menos jugosa? ¡Es normal! Las altas temperaturas hacen que la piel pierda más agua y, lamentablemente, no es suficiente con beber dos litros de agua al día. Tendrás que introducir sí o sí algunos productos de hidratación facial en crema que te ayudarán a recuperar el agua perdida y te aportarán ingredientes humectantes o reparadores, como el pantenol, las ceramidas, el escualano, el ácido hialurónico o la centella asiática.

ZONAS CLIMÁTICAS FRÍAS O INVIERNO

El frío invierno puede ser el peor enemigo de tu piel. La pérdida de agua transepidérmica o TEWL (profundizábamos en el significado de estas siglas en el capítulo uno) se intensifica en los ambientes típicos del invierno: frío y seco en exteriores (a veces, con viento helado), y caliente y seco en interiores, ambos efectivos para disminuir la hidratación de la piel. A causa de estos agentes, la función barrera de la piel puede verse afectada y mostrar descamación, sensibilidad, rojez, tirantez... ¡e incluso dolor! Está demostrado que la piel no funciona de manera óptima en condiciones que favorecen una elevada TEWL.

Algunos estudios han sugerido que incluso exposiciones cortas de tres o seis horas a ambientes con una baja humedad inducen cambios en el contenido de agua de las capas más superficiales de la piel, lo cual favorece una textura similar a la de la piel seca. Por ello, un ambiente seco en nuestra vida diaria, sea de exterior o de interior, podría favorecer la aparición de líneas finas relacionadas con una falta de agua en la piel.

Para intentar evitar (o al menos, minimizar) los efectos de estos agentes invernales sobre la piel, ¡sigue estos consejos!

- **SELECCIONA BIEN TU CREMA HIDRATANTE.** Elige las texturas que se adecúen al momento. No te cortes: si en invierno tu piel requiere texturas más ricas, densas y untuosas que en los meses calurosos, ¡dáselas! Incluso aunque sientas que tu piel es grasa, la hidratación es altamente recomendable; simplemente busca la textura que te sea cómoda. Apuesta por un producto formulado con un balance de ingredientes humectantes, emolientes y oclusivos. Te recomendamos una crema de textura rica como Centella Calming Barrier Cream de Barr.

- **NO TE OLVIDES DEL PROTECTOR SOLAR.** Aunque estemos en invierno, los rayos UV del sol siguen incidiendo en la piel y acelerando su envejecimiento; los UVA atraviesan las ventanas, de modo que también tienen impacto en la piel aun cuando nos encontramos en interiores. Dependiendo de la latitud del planeta en la que estemos, o el índice UVA en tu zona... podría ser suficiente con un SPF30 en adelante.
- **LA BRUMA HIDRATANTE O *MIST* VA A SER TU *MUST*.** Mantén una de estas pequeñas pero potentes botellitas contigo en todo momento, para vaporizar sobre el rostro siempre que lo necesites (incluso sobre el maquillaje) y rehidratarlo al instante. Muy útiles sobre todo si donde te encuentras la calefacción está encendida durante muchas horas.
- **POR LA NOCHE, MIENTRAS TE SUMERGES EN UN SUEÑO REPARADOR, PUEDES APROVECHAR PARA APLICAR UNA MASCARILLA NOCTURNA COMO ÚLTIMO PASO TRAS TU RUTINA.** Esta le dará un empujón a tu piel para que te despiertes radiante, sobre todo si tienes flojera o no tienes tiempo para utilizar otro tipo de mascarillas. Verás resultados desde la primera aplicación. Te recomendamos Squalane & Bakuchiol Sleeping Pack de Ondo Beauty 36.5.
- **PARA CUIDAR LA PIEL DEL CUERPO, EVITA LOS BAÑOS LARGOS Y EL AGUA MUY CALIENTE,** dado que favorecen el aumento de la pérdida de agua transepidérmica. Redúcelos a diez minutos con agua tibia y, al terminar, aplica una crema sobre toda la superficie corporal que forme una capa protectora para evitar esta pérdida.
- **LAS GRANDES SUFRIDORAS DEL INVIERNO SON LAS MANOS.** Lleva siempre una buena crema de manos, en especial si tiendes a lavarlas con frecuencia con jabón o gel hidroalcohólico. Te recomendamos las cremas de manos Skybottle; las hay con perfumes deliciosos y sin perfume.

- **LOS LABIOS SON OTRO FOCO DE ATENCIÓN.** Dado que la piel de los labios no es capaz de producir sebo protector al no contener glándulas sebáceas, están más desprotegidos y se deshidratan con mayor facilidad. ¡No lamas tus labios para tratar de hidratarlos! La saliva no contiene agentes humectantes para los labios y, por el contrario, tiende a resecarlos todavía más. Protégelos e hidrátalos mediante el uso de ingredientes oclusivos y emolientes, como los que proporciona el S.O.S. Multibalm de Urang.
- **BAJA EL TERMOSTATO.** Programa la calefacción a 20 °C para mantenerte confortable sin causar un daño innecesario extra a la piel. También puedes intentar apagar la calefacción durante la noche o emplear un temporizador para que apague la calefacción durante las horas centrales de la noche. Además de ahorrar energía y dinero, este gesto reducirá la deshidratación de la piel. Programa el aire acondicionado o calefacción para que no incida directamente en tu rostro o, al menos, no lo haga constantemente.
- Si los ambientes interiores en los que sueles encontrarte son secos, puedes **INTENTAR QUE EL AIRE CIRCUNDANTE CONTENGA MÁS AGUA** (y, por tanto, tu piel la pierda menos) con la ayuda de un humidificador.
- **BEBE AGUA.** Es un truco muy lógico que muchas veces se nos olvida. No es que esto vaya a hacer directamente que tu piel esté más hidratada, pero mantener unos buenos niveles de agua en el organismo favorecerá que la piel tenga la posibilidad de reemplazar la que va perdiendo. Esta agua también puede provenir de sopas, infusiones o vegetales y frutas con un alto contenido de agua (y de paso, antioxidantes para tu piel).

INGREDIENTES CLAVE EN CLIMAS FRÍOS

Centella asiática. La planta preferida de las coreanas, sin duda alguna. Mantiene la hidratación de la piel y la calma, ayuda a acelerar la curación de granitos y rojeces, y algunos estudios sugieren que puede ayudar a mejorar marquitas, etc. Es un ingrediente muy completo y apto para todo tipo de pieles.

Ceramidas. Hidratantes y regeneradoras, las ceramidas nos ayudan a crear un «efecto barrera» en la piel, evitando la pérdida de hidratación y protegiendo la piel contra agentes agresores externos.

Mucina de caracol. Un clásico que al día de hoy sigue sorprendiéndonos. Algunos estudios sugieren que la mucina de caracol tiene el poder de hidratar la piel pudiendo ayudar a regenerarla y a acelerar la cicatrización de granitos y pequeñas heridas. Incluye una crema con mucina de caracol si te preocupa la textura rugosa de tu piel o quieres difuminar marquitas.

Glicerina. Es la encargada de mantener los niveles de hidratación de la piel. Se trata de un humectante maravilloso que retiene agua en su estructura molecular, dejando la piel increíble, con un tono más luminoso.

Pantenol. Es la vitamina que transformará tu piel y uno de los secretos para reparar y reforzar su función barrera.

Escualano. Es un lípido vegetal superhidratante que proviene del aceite de oliva, pero, a diferencia del de oliva, la piel lo absorbe de forma fácil, por lo que no resulta pesado para las pieles grasas.

Aceites. Aceite de jojoba, de coco, de oliva, de rosa damascena... de manteca de karité, etc. Los aceites de origen natural son fantásticos para nutrir la piel del rostro, y por eso los encontramos en tantos productos.

CÓMO ADAPTAR TU RUTINA A DIFERENTES CIRCUNSTANCIAS VITALES

La teoría es simple, pero ¿se puede aplicar durante todos los días de nuestra vida? Ojalá. La realidad es que en nuestras vidas tenemos circunstancias que pueden modificar nuestros hábitos, incluso aquellos mejor instaurados. La rutina de belleza es una de ellas. ¿Qué pasa con nuestra rutina cuando viajamos? ¿Y cuándo hacemos deporte? ¡Presta atención!

RUTINA DE BELLEZA Y DEPORTE

Siempre que hablamos de rutina de belleza, hacemos referencia a dos momentos del día: la rutina de belleza de día o la rutina de belleza de noche, pero ¿y si a lo largo del día hacemos deporte? ¿Cómo adaptamos nuestra rutina de belleza a la práctica de ejercicio? Tanto si eres una chica *fitness* como si simplemente disfrutas haciendo ejercicio de forma esporádica, te damos algunos consejos que hemos aprendido de las coreanas:

- **NO ABUSES DE LA LIMPIEZA.** Si haces deporte recién levantada, puedes optar por un limpiador muy ligero, o un bifásico, y cuando termines de hacer ejercicio, limpia tu piel más a fondo. Si vas al gimnasio a mediodía o por la tarde y ya te has hecho la doble limpieza por la mañana, opta por un limpiador al agua suave, pero asegúrate de que tu piel está libre de maquillaje.
- **LA CREMA NO ES NECESARIA.** Seguro que no somos las únicas: cuando hacemos ejercicio, nos tocamos continuamente la cara y absorbemos el sudor con una toalla. Evita a toda costa llevar cremas densas durante el ejercicio, ya que, probablemente, las sudarás rápidamente. Te aconsejamos que optes por un tónico y una loción ligera.

- **NUNCA OLVIDES LA PROTECCIÓN SOLAR.** ¿Practicas ejercicio al aire libre, frente a las ventanas del gimnasio, o tienes que desplazarte para llegar a tu clase de yoga? ¡Nunca olvides la protección solar! Por suerte, hoy en día existen cremas solares muy ligeras, resistentes al agua y al sudor. No hay excusa.
- **OLVÍDATE DE EXFOLIANTES DESPUÉS DEL EJERCICIO.** Una vez que hayas acabado de hacer ejercicio y te hayas bañado, tu piel estará más enrojecida y sensible que de costumbre. Puedes llevar a cabo tu rutina completa en este momento si quieres, pero te desaconsejamos utilizar cualquier tipo de exfoliante. Lo que no debe faltar nunca es la hidratación y, de nuevo, si vas a salir a la calle, la protección solar.

RUTINA DE BELLEZA Y VACACIONES

A lo largo del año has estado cuidando tu piel con múltiples productos. Si te has aficionado a la cosmética coreana, es posible que hayas incorporado a tu día a día la rutina de diez pasos, pero sabemos que la cosa se complica cuando nos vamos de viaje. Estos son algunos trucos que tienes que tener en cuenta cuando viajas:

- **CUIDA BIEN TU PIEL LOS DÍAS PREVIOS.** No cambies de rutina justo antes de irte, porque eso podría cambiar el estado de tu piel y, cuanto más sana esté, menos cuidados específicos necesitarás durante el viaje.
- Sabemos que los *sachets* de muestra y las minitallas son muy convenientes para viajar, pero **LO IDEAL SERÍA QUE REDUJERAS LA INTRODUCCIÓN DE COSMÉTICOS NUEVOS DURANTE LAS VACACIONES.** La piel ya se ve obligada a adaptarse al nuevo ambiente, por lo que convendría evitar el estresor adicional de si va a reaccionar bien a nuevos productos. En resumen, nunca sabes cómo va a reaccionar la piel, así que es mejor evitar sorpresas. Consigue un set de envases vacíos dentro de los que puedas trasvasar las cantidades necesarias de los productos que sabes que te funcionan, con la excepción del

protector solar: en este caso, es más recomendable transportar el producto en su envase original.

- **¡SI VIAJAS EN COCHE O EN TREN, NO OLVIDES PROTEGERTE DEL SOL!** Los rayos UVA pueden atravesar las ventanas. Si tomas un avión... ¡lee más adelante!
- **EVITA PRODUCTOS QUE TENGAN UN PORCENTAJE ELEVADO DE ÁCIDOS O INGREDIENTES FOTOSENSIBILIZANTES EN SU FORMULACIÓN.** Cuando viajamos, solemos pasar más tiempo en espacios abiertos, por lo que nos exponemos más a la radiación solar. Redoblamos la apuesta con este consejo en especial si tu destino es una latitud muy soleada.

A continuación te ofrecemos consejos útiles para ganar espacio en tu neceser sin dejar de cuidar tu piel:

- Si dispones de muy muy poco espacio, llévate solo aquello imprescindible: doble limpieza, hidratación y protección solar.
- Busca productos multiusos.
- Pon tu tónico favorito en un dispensador tipo «bruma». Te servirá para refrescar la piel en días de mucho calor, para hidratarla durante el viaje...
- La *BB cream* será tu aliada. No solo hidrata la piel, sino que cubre imperfecciones, por lo que puede servir como maquillaje. ¿Lo mejor? Tiene protección solar.

RUTINA DE BELLEZA Y VIAJES EN AVIÓN

Durante un vuelo, la piel se enfrenta a condiciones muy distintas de las que encuentra en tierra firme. ¿Tienes curiosidad? Acompáñanos para descubrir por qué.

AUMENTO DE LA PÉRDIDA DE AGUA TRANSEPIDÉRMICA

En primer lugar, existe una mayor pérdida de agua transepidérmica, lo que conlleva una mayor deshidratación de la piel.

El aire acondicionado presente en las cabinas proviene del aire del exterior del avión, cuya humedad a la altitud a la que se eleva durante el vuelo es mucho menor que a nivel de tierra. Por ello, el aire dentro de las cabinas es muy seco, con una humedad relativa de entre el 5 y 35 por ciento. Una comparativa para que pueda entenderse mejor este dato es que el 35 por ciento es la humedad relativa ambiental de, por ejemplo, un día del mes de julio (¡y ya es un ambiente muy seco!). Algunos estudios han encontrado que, tras solo dos horas de viaje, los niveles de humedad ambiental descienden a menos del 10 por ciento.

El agua de nuestra piel tiende a equilibrarse con la del entorno. Por ello, este descenso de la humedad ambiental causa que una gran cantidad de agua escape de nuestra piel y, por tanto, esta muestre una deshidratación evidente y se sienta mucho más tirante que en tierra.

- Siguiendo el mismo razonamiento que exponíamos al hablar de climas fríos, es una buena idea que, para evitarlo, nos apoyemos en el uso de productos con ingredientes humectantes que retengan el agua en la epidermis e ingredientes emolientes, y en especial oclusivos, que reduzcan la pérdida de agua transepidérmica y ayuden a redondear el efecto de los humectantes.
- En este ambiente de baja humedad extrema, si quieres hidratar la piel sin complicaciones, aplica una crema todas las veces que sea necesario. Estas suelen contener más ingredientes oclusivos que otros productos con texturas más ligeras como los sérums y las esencias.
- Los sérums y las esencias ayudan contra la deshidratación, al igual que las mascarillas, en especial si luego se aplica una crema. Cualquier mascarilla de tejido para el rostro te servirá en este caso, ya

que siempre contienen muchos humectantes y son muy fáciles de transportar en cualquier equipaje de mano. ¡A las coreanas les encanta aplicar una mascarilla cuando vuelan! Te recomendamos mucho la CHOK-CHOK Hyaluronic Acid & Algae Moisture Boosting Mask de Ondo Beauty 36.5, que formulamos desde MiiN con un combo de humectantes muy potente y a prueba de viajes en avión.

- ¿No te ves aplicando una crema o una mascarilla en público? Por comodidad y discreción, puedes usar una bruma facial.
- No te olvides de cuidar los labios.
- Un truco *low cost* y muy muy efectivo es aplicar una capa fina de vaselina pura sobre cualquier sérum, esencia, mascarilla, crema o bálsamo labial. Te encantará si tienes la piel seca. Consulta el capítulo anterior, donde te hablábamos de la vaselina y el *slugging*.

AUMENTO DE LA RADIACIÓN UVA

En segundo lugar, existe una mayor incidencia de la radiación UVA, causante del fotoenvejecimiento de la piel. Como ya hemos visto, el sol emite dos tipos principales de radiación dañina para nuestro organismo, radiación UVB y radiación UVA, y ambos pueden causar cáncer de piel a largo plazo. La radiación UVB, causante de producir quemaduras en la piel, se filtra bien a través de las ventanas de los aviones y no llega al interior de los mismos, por lo que no nos quemaremos al volar. Sin embargo, la radiación UVA, que además de cáncer produce fotoenvejecimiento a largo plazo (arrugas y manchas), no se ve bloqueada por las ventanillas.

La exposición a la radiación UVA en un avión se da a niveles mucho mayores de los que nos encontraríamos a nivel del mar, ya que, al estar más cerca del sol en altitud, la radiación es más potente. Es mayor también que la que podríamos recibir en una playa o un barco. Un estudio del *JAMA Dermatology* de 2015 reveló que, al volar a 9000 kilómetros de altitud durante 56 minutos, el impacto de la radiación UVA sobre los pilotos era equivalente al de 20 minutos de una cama de bronceado.[1]

La incidencia de la radiación UVA es mayor en las zonas delanteras del avión y al lado de las ventanillas, y mientras se atraviesa nubes densas o terrenos nevados, pues estos reflejan la luz.

Evitar estos daños con los medios que tenemos es muy simple. Aplica productos con una protección solar suficiente. Mejor si son SPF50+ y con una protección UVA de PA++++ (PA+++ sería una protección menor). Deberás aplicar el protector solar antes de subir al avión o justo al subir, y reaplicarlo cada dos horas en la cantidad necesaria. Aplicar productos con antioxidantes (vitamina C, vitamina E, niacinamida, etc.) antes de la protección solar ayudará también a prevenir el daño oxidativo.

MENOR PRESIÓN ATMOSFÉRICA Y DESFASE HORARIO

Finalmente, la menor presión atmosférica y el *jet-lag* favorecen una falta de oxigenación, una piel cansada y apagada.

La presión en la cabina y el bajo contenido de oxígeno en el aire que circula por ella hace que la circulación no consiga difundir óptimamente el oxígeno a la piel (hipoxia), por lo que se ve más apagada, con un tono menos rosado y cansada. Por otro lado, el desfase horario contribuye a este aspecto cansado, y ejerce mayor impacto en la zona del contorno de ojos, donde se observa una piel más deshidratada, unas ojeras más marcadas y bolsas.

¿Cómo intentar atenuar estos efectos? Aplica en el contorno de ojos productos con antioxidantes (cafeína, niacinamida, vitamina C) para

1 Sanlorenzo M, Vujic I, Posch C, Cleaver JE, Quaglino P, Ortiz-Urda S. «The Risk of Melanoma in Pilots and Cabin Crew: UV Measurements in Flying Airplanes.», *JAMA Dermatol.*, 2015;151(4):450–452. doi:10.1001/jamadermatol.2014.4643

hidratar, iluminar y ayudar a mejorar el aspecto de bolsas y ojeras. Te aconsejamos que busques productos con porcentajes efectivos de estos ingredientes, como el SSU-DAM Niacinamide & Green Tea Eye Serum de Ondo Beauty 36.5, con un 5.0 por ciento de niacinamida.

Al aterrizar, aplica productos limpiadores o ligeramente exfoliantes para aportar luz al rostro. Un suave masaje ayudará también a estimular la circulación. Finaliza hidratando muy bien tras la limpieza/exfoliación. Son muy convenientes para este fin las *bubble masks* y los limpiadores en polvo, siendo ambos formatos muy cómodos para viajar.

RUTINA DE BELLEZA DURANTE EL EMBARAZO Y LA LACTANCIA

Sabemos que esta etapa tan especial puede generar muchas inquietudes acerca de cuáles serán las mejores decisiones posibles para preservar al máximo la salud de esa vida que se está formando. La cosmética no escapa a estas dudas. Sin embargo, no te preocupes, porque estás a punto de resolverlas. Casi todos los productos son adecuados para mujeres embarazadas, con algunas pocas excepciones. Como vimos en el capítulo dos, los ingredientes cosméticos, por lo general, no tienen la capacidad de penetrar hasta las capas internas de la piel ni se absorben en el torrente sanguíneo. El bebé se alimenta de la placenta, que está conectada al torrente sanguíneo de la madre. Como resultado, lo que la ciencia apoya es que, en principio, pocos ingredientes cosméticos aplicados sobre la piel de una mujer embarazada se transferirán fácilmente al bebé.

Sin embargo, como también vimos en el capítulo dos, hay algunos ingredientes que escapan a esta generalización, y se suele recomendar desde distintas fuentes evitarlos durante el embarazo por distintos motivos. Te enumeramos algunos que suelen incluir estas listas. En todo caso, comprueba las listas de ingredientes de tus cosméticos siempre con tu médico y sigue sus recomendaciones en este momento tan delicado.

RETINOIDES. Los que se presentan en forma de medicamento oral están terminantemente prohibidos durante el embarazo. Aunque no hay evidencias de que las formas utilizadas en cosmética aplicadas sobre la piel pudieran dañar al feto, se evitan siempre por precaución. Búscalos en las listas de ingredientes con nombres INCI que contienen la raíz *retin-*. Suelen contenerlos los productos catalogados como antiedad.

CAFEÍNA. La encuentras como *caffeine*. Puede presentarse también en los extractos de café y té, apareciendo estos con nombres que contienen *Coffea arabica* o *Camellia sinensis.* Estos ingredientes suelen incluirse en contornos de ojos y anticelulíticos. En cuanto al contorno de ojos, aplicamos una cantidad muy pequeña, pero los anticelulíticos sí se aplican en superficies más extensas.

BHA Y SUS DERIVADOS. Suele considerarse que los porcentajes utilizados en cosmética (2 por ciento o menos) son seguros durante el embarazo. Únicamente, por precaución, se limita su uso a zonas pequeñas y durante períodos breves, es decir, no es conveniente utilizarlo en zonas extensas y de manera continua. Como esto es un poco ambiguo, insistimos en que consultes siempre con tu médico. Algunas fuentes los incluyen, refiriéndose especialmente a los que se usan en tratamientos profesionales como *peelings*. Los más comunes son el *salicylic acid,* el *benzyl salicylate* y, básicamente, todo nombre que contenga *salicyl*.

ACEITES ESENCIALES PUROS. Nunca es una buena idea aplicarlos directamente sobre la piel por la alta concentración de alérgenos que contienen. Estando embarazada, puede ser más difícil lidiar con una reacción alérgica. Si tenemos productos que contienen aceites esenciales o perfume como parte de su formulación, y los hemos utilizado antes y no nos han provocado nunca una reacción alérgica, es probable que sigan sin provocarla durante el embarazo; sin embargo, algunos profesionales sanitarios pueden recomendar evitarlos. Consulta con tu médico.

EPÍLOGO

Hemos llegado a la mascarilla nocturna de la rutina coreana: ¡el final de este libro! Si eres una curiosa del mundo de la cosmética, puede que todavía quieras saber más sobre ingredientes y formulaciones. O a lo mejor quieres diseñar una rutina cien por ciento personalizada según tu tipo de piel, las mejoras que quieres ver y tus preferencias.

Hoy no queremos que compres. Queremos que conozcas más tu piel y tengas todas las herramientas disponibles para poder tomar tus propias decisiones, estés donde estés y compres donde compres.

Esperamos que estas preguntas te hayan ayudado a entender mejor tu tipo de piel, los productos que utilizas y cómo funciona el mundo de la cosmética.

Nos da mucha pena despedirnos tras esta pequeña aventura llamada libro, así que queremos seguir en contacto contigo. Tanto nosotras como el equipo de expertas de belleza de MiiN Cosmetics estaremos siempre disponibles online para resolver tus dudas y ayudarte a confeccionar una rutina perfecta para ti.

¡Comparte tu experiencia con nuestro libro en internet! Si lo haces a través de las redes sociales, nos vemos en Instagram, Twitter, TikTok o YouTube a través del *hashtag* **#miinbook**. ¡Nos encantará saber qué te ha parecido!

LOS INGREDIENTES MÁS INTERESANTES DE LA COSMÉTICA ACTUAL

Te dejamos un resumen con los ingredientes de los que más vas a oír en todas partes, así como sus beneficios y ejemplos de dónde encontrarlos en productos de MiiN. No es casualidad: muchos de ellos cuentan con una larga trayectoria de uso y eficacia demostrada, y otros están causando sensación y auguramos que experimentarán un auge en los próximos años. ¿Cuáles son tus favoritos?

NOMBRE COMÚN	NOMBRE INCI	FUNCIONES PRINCIPALES	ENCUÉNTRALO EN...
Ácido ascórbico (vitamina C pura) y derivados	*Ascorbic acid* y derivados que contienen la raíz *ascorb-* en su nombre	Antioxidante, iluminador, antienvejecimiento	Glow Drops Vitamin C Serum (Meisani)
Ácido azelaico	*Azelaic acid* y derivados como *Potassium azeloyl diglycinate*	Mejora la tendencia acneica, las rojeces y la pigmentación	¡Todavía en pocos productos en MiiN! Pídelo a través de nuestras redes sociales si te interesa
Ácido glicólico (AHA)	*Glycolic Acid*	Exfoliante, iluminador, antienvejecimiento	Charcoal & Yuja Bubble Mask (Ondo Beauty 36.5)
Ácido hialurónico	*Hyaluronic acid* y derivados que contienen la raíz *hyaluron-* en su nombre	Humectante	Hyaluronic Acid & Algae Moisture Boosting Mask (Ondo Beauty 36.5); Rice & Shine Hyaluronic Acid Essence Toner (Meisani)

NOMBRE COMÚN	NOMBRE INCI	FUNCIONES PRINCIPALES	ENCUÉNTRALO EN...
Ácido láctico (AHA)	*Lactic acid*	Exfoliante, iluminador, antienvejecimiento, humectante	¡Todavía en pocos productos en MiiN! Pídelo a través de nuestras redes sociales si te interesa.
Ácido lactobiónico (PHA)	*Lactobionic acid*	Exfoliante, iluminador, antienvejecimiento, humectante, antioxidante	Vinegar Kombucha Essence (Juice to Cleanse)
Ácido salicílico (BHA)	*Salicylic acid*	Exfoliante, limpieza de poros, mejora la tendencia acneica	Puri-tea Salicylic Acid Gel Cleanser (Meisani)
Ácido tranexámico	*Tranexamic acid*	Despigmentante	I'm Aqua Sun Essence (Suntique)
Adenosina	*Adenosine*	Calmante, antiedad	Adenosine & Zhi Mu Lifting Mask (Ondo Beauty 36.5)
Alantoína	*Allantoin*	Calmante, humectante	Probiotics & Cica Water Soothing Mask (Ondo Beauty 36.5)
Aloe vera, extracto de	*Aloe Vera leaf extract/ juice/powder*	Acondicionador de la piel, calmante	Blue Elixir Retinol Serum (Meisani)
Árbol del té, aceite esencial de	*Melaleuca alternifolia, leaf oil*	Mejora la tendencia acneica	Puri-tea Salicylic Acid Gel Cleanser (Meisani)
Arbutina	*Arbutin*	Despigmentante	I'm Aqua Sun Essence (Suntique)
Arcilla caolín	*Kaolin*	Absorbe el exceso de sebo, aporta coloraciones distintas	Pink Clay & Rose Pore Cleansing Mask (Ondo Beauty 36.5)
Arginina	*Arginine*	Antioxidante, hidratante	Niacinamide Cucumber Aqua Cream (Meisani)
Arroz, aceite de	*Oryza sativa bran oil*	Emoliente	Vitamin E-Raser Cleansing Oil (Meisani)
Avena, extracto de	*Avena sativa*	Acondicionador de la piel, calmante	Calamine & Oatmeal Soothing Cleansing Bar (Ondo Beauty 36.5)
Azúcares	*Xylitol, trehalose* y muchos otros	Humectante	Hyaluronic Acid & Algae Moisture Boosting Mask (Ondo Beauty 36.5)

NOMBRE COMÚN	NOMBRE INCI	FUNCIONES PRINCIPALES	ENCUÉNTRALO EN...
Azuleno	*Guaiazulene*	Colorante natural azul	Midnight Blue Calming Cream (Klairs)
Bakuchiol	*Bakuchiol*	Antienvejecimiento	Squalane & Bakuchiol Sleeping Pack (Ondo Beauty 36.5)
Betaglucano	*Beta-glucan*	Calmante, humectante, antioxidante	Rice & Shine Hyaluronic Acid Essence Toner (Meisani)
Bromelaína	*Bromelain*	Exfoliante enzimático, iluminador	¡Todavía pocos productos en MiiN! Pídelo a través de nuestras redes sociales si te interesa
Cacao, manteca de	*Theobroma cacao seed butter*	Emoliente, oclusivo	Cacao Moist and Mild Cream (Benton)
Cafeína	*Caffeine*	Antienvejecimiento, estimulante	Caffeine & Green Tea Eye Patches (Ondo Beauty 36.5)
Calamina	*Calamine*	Calmante, absorbe el exceso de sebo, aporta coloración rosa	Calamine & Oatmeal Soothing Cleansing Bar (Ondo Beauty 36.5)
Camelia, aceite de	*Camellia japonica seed oil*	Emoliente	
Caracol, extracto de baba de	*Snail secretion filtrate* y otros	Humectante	Snail Bee Ultimate Serum (Benton)
Carbón activado	*Charcoal powder*	Absorbe el exceso de sebo, purificante	Charcoal & Willow Purifying Cleansing Bar (Ondo Beauty 36.5)
Centella asiática, extracto de y agua de	*Centella asiatica leaf extract/water*	Acondicionador de la piel, calmante, reparador	Probiotics & Cica Water Soothing Mask (Ondo Beauty 36.5)
Ceramidas	*Ceramide NP, Ceramide AP* y otras	Emoliente, refuerzo de la función barrera	Peptides & Ginseng Neck Treatment (Ondo Beauty 36.5)
Colágeno	*Hydrolyzed collagen* y otros	Humectante	Collagen 100 (Mizon)
Colesterol	*Cholesterol*	Emoliente, refuerzo de la función barrera	Querencia Flawless Intense Moisture & Regeneration Mask (Keenoniks)

NOMBRE COMÚN	NOMBRE INCI	FUNCIONES PRINCIPALES	ENCUÉNTRALO EN...
Electrolitos	*Sodium PCA, magnesium PCA* y otros	Humectante	Hyaluronic Acid & Algae Moisture Boosting Mask (Ondo Beauty 36.5)
Escualano	*Squalane*	Emoliente	Squalane & Bakuchiol Sleeping Pack (Ondo Beauty 36.5)
Gardenia, extracto de	*Hydrolyzed Gardenia florida extract*	Colorante natural azul	Niacinamide Cucumber Aqua Gel Cream (Meisani)
Glicerina	*Glycerin*	Humectante	¡Prácticamente el 90 % de los cosméticos del mundo!
Gluconolatona	*Gluconolactone*	Exfoliante, iluminador, antienvejecimiento, humectante, antioxidante	Pink Clay & Rose Pore Cleansing Mask (Ondo Beauty 36.5)
Hamamelis, extracto de o agua de	*Hamamelis virginiana extract/water*	Astringente, calmante	Hyaluronic Acid & Algae Moisture Boosting Mask (Ondo Beauty 36.5)
Jojoba, aceite de	*Simmondsia chinensis seed oil*	Emoliente	Centella Calming Barrier Cream (Barr)
Karité, manteca de	*Butyrospermum parkii butter*	Emoliente, oclusivo	Midnight Blue Calming Cream (Klairs)
MCT, aceite de	*Caprylic/capric triglyceride*	Emoliente	Vitamin E-Raser Cleansing Oil (Meisani)
Niacinamida (vitamina B3)	*Niacinamide*	Antioxidante, mejora la tendencia acneica y el tono de la piel, humectante	Niacinamide & Green Tea Eye Serum (Ondo Beauty 36.5)
Papaína	*Papain*	Exfoliante enzimático, iluminador	¡Todavía pocos productos en MiiN! Pídelo a través de nuestras redes sociales si te interesa
Pantenol (vitamina B5)	*Panthenol*	Humectante, calmante, reparador	Rice & Shine Hyaluronic Acid Essence Toner (Meisani)
Pepino, agua de	*Cucumis sativus fruit water*	Acondicionador de la piel, refrescante, aroma natural	Niacinamide Cucumber Aqua Gel Cream (Meisani)

NOMBRE COMÚN	NOMBRE INCI	FUNCIONES PRINCIPALES	ENCUÉNTRALO EN...
Péptidos	Cualquier nombre INCI terminado en *-peptide*	Multitud de funciones, en especial antienvejecimiento	Peptides & Ginseng Neck Treatment (Ondo Beauty 36.5)
Péptidos de cobre	*Copper Tripeptide*	Antiedad, aportan coloración azul	Blue Elixir Retinol Serum (Meisani)
Planta camaleón, extracto de	*Houttuynia cordata extract*	Acondicionador de la piel, calmante, mejora la tendencia acneica	Houttuynia Cordata Care Serum (All Natural)
Prebióticos	Muchos tipos de lisados y fermentados de microorganismos, como *Bifida ferment filtrate, Bifida ferment lysate...*	Proporcionan elementos que nutren la microbiota de la piel	Probiotics & Cica Water Soothing Mask (Ondo Beauty 36.5)
Rosa, agua de	*Rosa damascena flower water*	Acondicionador de la piel, calmante	Pink Clay & Rose Pore Cleansing Mask (Ondo Beauty 36.5)
Regaliz, extracto de	*Glycyrrhiza glabra root extract*	Despigmentante	Niacinamide & Green Tea Eye Serum (Ondo Beauty 36.5)
Retinol (retinoides)	Retinol y derivados que contienen la raíz *retin-* en su nombre	Antienvejecimiento por excelencia, mejora la tendencia acneica y la calidad de la piel	Peptides & Ginseng Neck Treatment (Ondo Beauty 36.5). Niacinamide & Green Tea Eye Serum (Ondo Beauty 36.5). Blue Elixir Retinol Serum (Meisani)
Ricino, aceite de	*Ricinus communis seed oil*	Emoliente	Peptides & Ginseng Neck Treatment (Ondo Beauty 36.5)
Sauce, extracto de corteza de	*Salix alba bark extract*	Mejora la tendencia acneica	Charcoal & Willow Purifying Cleansing Bar (Ondo Beauty 36.5)
Té verde, extracto de o agua de	*Camellia sinensis leaf extract/water*	Antioxidante	Niacinamide & Green Tea Eye Serum (Ondo Beauty 36.5); Caffeine & Green Tea Eye Patches (Ondo Beauty 36.5)
Tocoferol (vitamina E y derivados)	*Tocopherol* y derivados que contienen la raíz *tocoph-* en su nombre	Antioxidante, emoliente	Squalane & Bakuchiol Sleeping Pack (Ondo Beauty 36.5)

NOMBRE COMÚN	NOMBRE INCI	FUNCIONES PRINCIPALES	ENCUÉNTRALO EN...
Urea	*Urea*	Humectante, calmante, queratolítico	Snail Bee High Content Steam Cream (Benton)
Zanahoria, extracto de y aceite de	*Daucus carota sativa root extract/seed oil*	Acondicionador de la piel, colorante natural	Let's Carrot Moisture Cream (Benton)
Zhi mu, extracto de	*Anemarrhena asphodeloides root extract*	Acondicionador de la piel, antienvejeci-miento	Adenosine & Zhi Mu Lifting Mask (Ondo Beauty 36.5)

Amparo Violero es licenciada en Biología y MSc en Industria Cosmética. Trabaja en la industria cosmética en áreas de I+D, Regulación, Calidad y Comunicación Científica desde 2018, año en el que también pasó a formar parte del equipo MiiN. Ha sido nominada a Mejor Influencer del sector de la Belleza en los Digital Beauty Awards 2022: su labor de divulgación científica en redes sociales la convierte en un referente nacional.

Mònica Julià es graduada en Publicidad y Relaciones Públicas y, desde hace diez años, especializada en *branding* y creación de contenido para el sector *beauty* y en *ecommerce* de belleza. Mònica dio voz a MiiN asentando las bases de la comunicación de la marca desde sus comienzos.

Lilin Yang es fundadora de MiiN Cosmetics, nominada a Mejor Directiva Digital del sector de la Belleza en los Digital Beauty Awards 2022. Desde 2014 no ha parado de cosechar éxitos a nivel internacional llevando MiiN a nuevos mercados, lanzando el primer libro MiiN y creando dos marcas de cosmética coreana propias: Ondo Beauty 36.5 y Meisani.